蘇民峰

相學全集

四

圓方立極

「天圓地方」是傳統中國的宇宙觀，象徵天地萬物，及其背後任運自然、生生不息、無窮無盡之大道。早在魏晉南北朝時代，何晏、王弼等名士更開創了清談玄學之先河，主旨在於透過思辨及辯論以探求天地萬物之道，當時是以《老子》、《莊子》、《易經》這三部著作為主，號稱「三玄」。東晉以後因為佛學的流行，佛法便也融匯在玄學中。故知，古代玄學實在是探索人生智慧及天地萬物之道的大學問。

可惜，近代之所謂玄學，卻被誤認為只局限於「山醫卜命相」五術及民間對鬼神的迷信，故坊間便泛濫各式各樣導人迷信之玄學書籍，而原來玄學作為探索人生智慧及天地萬物之道的本質便完全被遺忘了。

有見及此，我們成立了「圓方出版社」（簡稱「圓方」）。《孟子》曰：「不以規矩、不成方圓」。所以，「圓方」的宗旨，是以「破除迷信、重人生智慧」為規，藉以撥亂反正，回復玄學作為智慧之學的光芒；以「重理性、重科學精神」為矩，希望能帶領玄學進入一個新紀元。「破除迷信、重人生智慧」即「圓而神」，「重理性、重科學精神」即「方以智」，既圓且方，故名「圓方」。

出版方面，「圓方」擬定四個系列如下：

1.「智慧經典系列」：讓經典因智慧而傳世；讓智慧因經典而普傳。

2.「生活智慧系列」：藉生活智慧，破除迷信；藉破除迷信，活出生活智慧。

3.「五術研究系列」：用理性及科學精神研究玄學；以研究玄學體驗理性、科學精神。

4.「流年運程系列」：「不離日夜尋常用，方為無上妙法門。」不帶迷信的流年運程書，能導人向善、積極樂觀、得失隨順，即是以智慧趨吉避凶之大道理。

在未來，「圓方」將會成立「正玄會」，藉以集結一群熱愛「破除迷信、重人生智慧」及「重理性、重科學精神」這種新玄學的有識之士，並效法古人「清談玄學」之風，藉以把玄學帶進理性及科學化的研究態度，更可廣納新的玄學研究家，集思廣益，使玄學有另一突破。

作者簡介

蘇民峰　長髮，生於一九六〇年，人稱現代賴布衣，對風水命理等術數有獨特之個人見解。憑着天賦之聰敏及與術數的緣分，對於風水命理之判斷既快且準，往往一針見血，疑難盡釋。

以下是蘇民峰近二十年之簡介：

八三年　開始業餘性質會客以汲取實際經驗。

八六年　正式開班施教，包括面相、掌相及八字命理。

八七年　毅然拋開一切，隻身前往西藏達半年之久。期間曾遊歷西藏佛教聖地「神山」、「聖湖」，並深入西藏各處作實地體驗，對日後人生之看法實跨進一大步。回港後開設多間店鋪（石頭店），售賣西藏密教法器及日常用品予有緣人士，又於店內以半職業形式為各界人士看風水命理。

八八年　夏天受聘往北歐勘察風水，足跡遍達瑞典、挪威、丹麥及南歐之西班牙，回港後再受聘往加拿大等地勘察。同年接受《繽紛雜誌》訪問。

八九年　再度前往美加，為當地華人服務，期間更多次前往新加坡、日本、台灣等地。同年接受《城市周刊》訪問。

九〇年　夏冬兩次前往美加勘察，更多次前往台灣，又接受台灣之《翡翠雜誌》、《生活報》等多本雜誌訪問。同年授予三名入室弟子蘇派風水。

九一年　續去美加、台灣勘察。是年接受《快報》、亞洲電視及英國 BBC 國家電視台訪問。所有訪問皆詳述風水命理對人生的影響，目的為使讀者及觀眾能以正確態度去面對人生。同年又出版了「現代賴布衣手記之風水入門」錄影帶，以滿足對風水命理有研究興趣之讀者。

九二年　續去美加及東南亞各地勘察風水，同年 BBC 之訪問於英文電視台及衛星電視「出位旅程」播出。此年正式開班教授蘇派風水。

九四年　首次前往南半球之澳洲勘察，研究澳洲計算八字的方法與北半球是否不同。同年接受兩本玄學雜誌《奇聞》及《傳奇》之訪問。是年創出寒熱命論。

九五年　再度發行「風水入門」之錄影帶。同年接受《星島日報》及《星島晚報》之訪問。

九六年　受聘前往澳洲、三藩市、夏威夷、台灣及東南亞等地勘察風水。同年接受《凸周刊》、《一本便利》、《優閣雜誌》及美聯社、英國 MTV 電視節目之訪問。是年正式將寒熱命論授予學生。

九七年　首次前往南非勘察當地風水形勢。同年接受日本 NHK 電視台、丹麥電視台、《置業家居》、《投資理財》及《成報》之訪問。同年創出風水之五行化動土局。

九八年　首次前往意大利及英國勘察。同年接受《TVB 周刊》、《B International》、《壹周刊》等雜誌之訪問，並應邀前往有線電視、新城電台、商業電台作嘉賓。

九九年　再次前往歐洲勘察，同年接受《壹周刊》、《東周刊》、《太陽報》及無數雜誌、報章訪問，同時應邀往商台及各大電視台作嘉賓及主持。此年推出首部著作，名為《蘇民峰觀相知人》，並首次推出風水鑽飾之「五行之飾」、「陰陽」、「天圓地方」系列，另多次接受雜誌進行有關鑽飾系列之訪問。

二千年 再次前往歐洲、美國勘察風水，並首次前往紐約，同年 masterso.com 網站正式成立，並接受多本雜誌訪問關於網站之內容形式，及接受校園雜誌《Varsity》、日本之《Marie Claire》、復康力量出版之《香港 100 個叻人》、《君子》、《明報》等雜誌報章作個人訪問。同年首次推出第一部風水著作《蘇民峰風生水起（巒頭篇）》、第一部流年運程書《蛇年運程》及再次推出新一系列關於風水之五行鑽飾，並應無綫電視、商業電台、新城電台作嘉賓主持。

〇一年 再次前往歐洲勘察風水，同年接受《南華早報》、《忽然一週》、《蘋果日報》、日本雜誌《花時間》、NHK 電視台、關西電視台及《讀賣新聞》之訪問，以及應紐約華語電台邀請作玄學節目嘉賓主持。同年再次推出第二部風水著作《蘇民峰風生水起（理氣篇）》及《馬年運程》。

〇二年 再一次前往歐洲及紐約勘察風水。續應紐約華語電台邀請作玄學節目嘉賓主持，及應邀往香港電台作嘉賓主持。是年出版《蘇民峰玄學錦囊（相掌篇）》、《蘇民峰八字論命》、《蘇民峰玄學錦囊（姓名篇）》。同年接受《3 週刊》、《家週刊》、《快週刊》、《讀賣新聞》之訪問。

〇三年 再次前往歐洲勘察風水，並首次前往荷蘭，續應紐約華語電台邀請作玄學節目嘉賓主持。同年接受《星島日報》、《東方日報》、《成報》、《太陽報》、《壹周刊》、《一本便利》、《蘋果日報》、《新假期》、《文匯報》、《自主空間》之訪問，及出版《蘇民峰玄學錦囊（風水天書）》與漫畫《蘇民峰傳奇 1》。

〇四年 再次前往西班牙、荷蘭、歐洲勘察風水，續應紐約華語電台邀請作風水節目嘉賓主持，及應有線電視、華娛電視之邀請作其節目嘉賓，同年接受《新假期》、《MAXIM》、《壹周刊》、《太陽報》、《東方日報》、《星島日報》、《成報》、《經濟日報》、《快週刊》、《Hong Kong Tatler》之訪問，及出版《蘇民峰之生活玄機點滴》、漫畫《蘇民峰傳奇2》、《家宅風水基本法》、《The Essential Face Reading》、《The Enjoyment of Face Reading and Palmistry》、《Feng Shui by Observation》及《Feng Shui — A Guide to Daily Applications》。

○五年始 應邀為無線電視、有線電視、亞洲電視、商業電台、日本NHK電視台作嘉賓或主持，同時接受《壹本便利》、《味道雜誌》、《三週刊》、《HMC》雜誌、《壹週刊》之訪問，並出版《觀掌知心（入門篇）》、《中國掌相》、《八字萬年曆》、《八字入門捉用神》、《八字進階論格局看行運》、《生活風水點滴》、《風生水起（商業篇）》、《如何選擇風水屋》、《談情説相》、《峰狂遊世界》、《瘋蘇Blog Blog趣》、《師傅開飯》、《蘇民峰美食遊蹤》、《A Complete Guide to Feng Shui》、《Practical Face Reading & Palmistry》、《Feng Shui — a Key to Prosperous Business》等。

蘇民峰顧問有限公司
電話：2780 3675
傳真：2780 1489
網址：www.masterso.com
預約時間：星期一至五（下午二時至七時）

自序

人心不同，各如其面。心善而眼善，心惡而眼惡，心愁而面青，心樂而面舒。人樂觀，眼尾、嘴角自然向上，人悲觀，眼尾、嘴角自然向下；眉頭寬性格自寬，抑鬱者雙眉自然緊皺；慎言者嘴唇緊閉，多言者掀唇露齒或牙疏；體強者聲如洪鐘，病弱者氣若游絲。凡此種種皆有諸內，形諸外，但面相會因應人心之不同而隨之變化，故看相宜看近而不看遠，看精神又比看五官為重。再加上世界各國民族不同之風俗習慣去判斷，幾無差矣！

蘇民峰

《太清神鑑》序

至神無體，妙萬物以為體，至道無方，鼓萬物以為用，故渾淪未判，一氣湛然，太極纔分，三才備位，是以陰陽無私，順萬物之理以生之，天地無為，輔萬物之性以成之，夫人居天地之中，雖稟五行之英，為萬物之秀者，其形未兆，其體未分，即夙具其美惡，蘊其吉凶，故其生也，天地豈容巧於其間哉，莫非順其世，循其理，輔其自然而已，故夙積其善，則賦其形美而福祿也，素積其惡，則流其質凶而處夭賤，此其灼然可知，其確然不易也，是以古之賢聖，察其人則觀其形，觀其形則知其性，知其性則盡知其心，盡知其心則知其道，觀形則善惡分，識性則吉凶顯著，且伏羲日角，黃帝龍顏，舜目重瞳，文王四乳，斯皆古之瑞相，見之問降之聖人也，其諸賢愚修短，猶之指掌微毫絲末，豈得逃乎。

目錄

第八章 論氣色

第五章

雜論

【論腰、腹、臍】

腰相

腰宜厚、宜圓、宜長，忌削薄而扁。圓厚者，中年運佳；削薄而扁者，中運無成。

又腰長則貴，腰短則賤，難免馳驅奔走，難有所成，但這只以東方人而論，因東方人腰長腳短是正常的，西方人的體形則腳長腰短，此乃民族性不同而已，與吉凶無關。

故古書有云：「東不相嘴兮西不相腿，南不相顴兮北不相天。」在古代，「東」即現代之日本，其人牙齒不齊不可斷凶，西方人腳長亦不以凶論，同樣南方人雙顴凸露、北方人天庭多不高聳，也不以凶論。

腹相

腰即使圓亦要腹來配合，腹之左右宜有肉，為玉帶環腰，又人肥不能上腹大，上腹大為「蝦蟆肚」。

書云：「頭大無角，腹大無托（蝦蟆大），不是農夫，便是屠剝」，故腹部圓肥一定要下墮才為富貴之人。

環腰

腰之左右兩側，不論肥瘦都以有肉為佳，中年必須有肉，無肉則中運不佳。

蝦蟆肚

上腹肥大為蝦蟆肚，一般為庸碌粗魯之輩，難作富貴之人。六七十年代，筆者天未光就要送貨到街市的時候，看到很多在街市屠豬的人，有不少是蝦蟆肚的，故有此相之人，生活一般較為勞碌，但不一定貧乏。

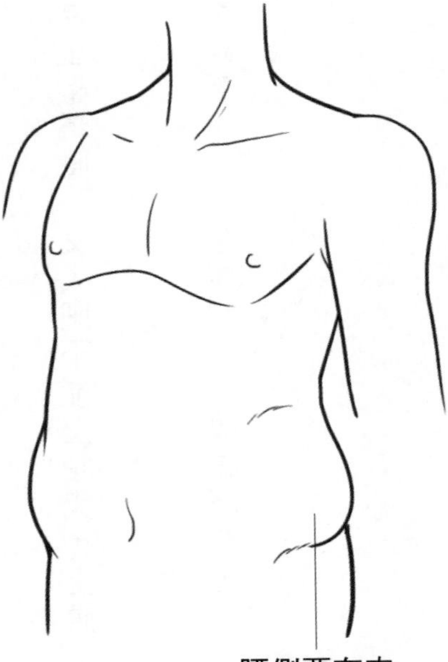

腰側要有肉

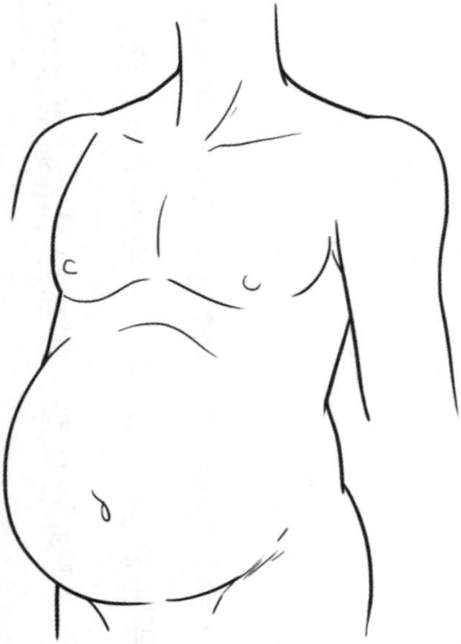

蝦蟆肚

垂腹

垂腹，即下腹圓肥。腹以垂為貴，代表中年運佳。區分蝦蟆肚與垂腹時，如經驗不夠的話，是分不出來的。蝦蟆肚除了上腹肥大外，肉一般是結實的，而垂腹一般是柔軟的，又坐後再站起來時，垂腹的人一般要把褲頭往上拉一拉，否則褲會滑下；至於蝦蟆肚則因為上腹肥大，而盆骨沒有肥肉包裹，故起立時褲是不會滑下來的。

圓腰

不論肥瘦，腰一定要圓，但腰圓與腰粗並無關係，不論腰圍二十吋或三十吋，都可以是圓的，腰圓者中年亨通，運程必佳。

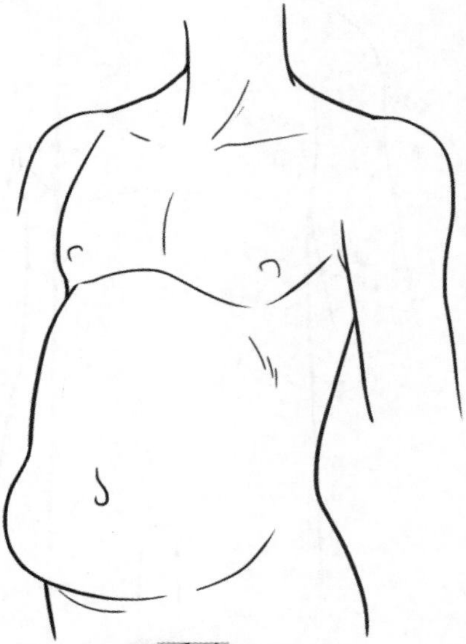

垂腹

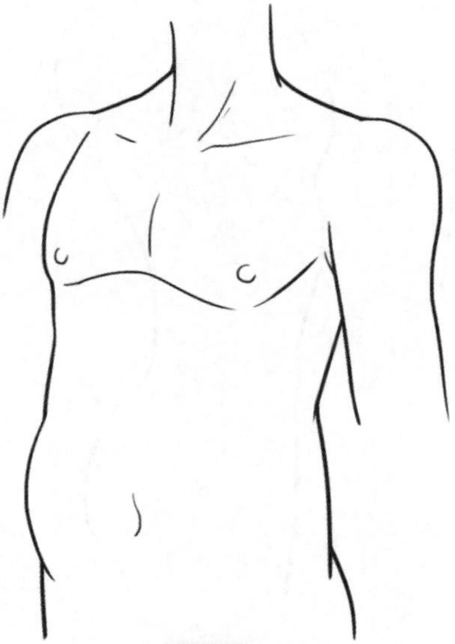

圓腰

扁腰

腰不論腰圍大小，如橫看是扁的，一般中年運差，勞碌無成，不能算是一個好的格局。

臍相

臍以深為貴，淺為賤，書云：「臍深一寸，必為宰相」，故是貴徵。反之臍凸者，為貧夭之人，而臍之凹凸與肥瘦無關，又肥人臍凸、瘦人臍深亦是常有的。總之，臍以深為佳，淺為平，凸則賤。

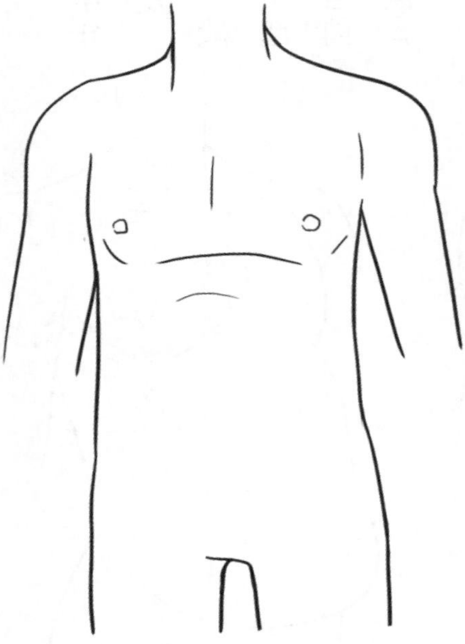

扁腰

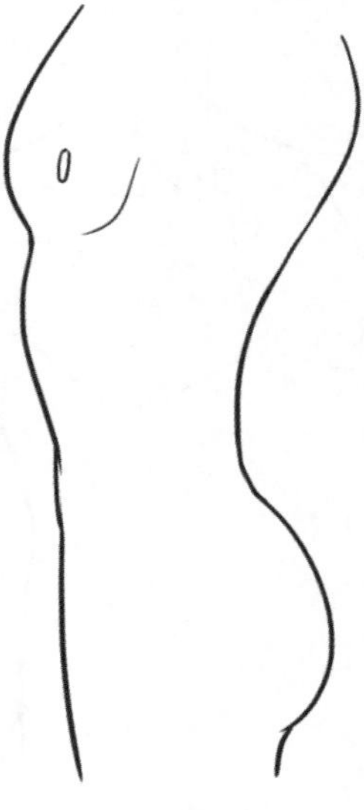

扁腰

古訣論腰腹臍（一）

【腰相捷徑】

腰者。要也。位居七節之間。前通臍。後通腎。上行夾脊。至泥丸。下達尾閭督脈。性命之大關。此所以為要也。內實而外則隆。外美而內自優。肥厚圓闊。乃福祿之人也。若細而狹。薄而側。乃貧賤之徒也。直而厚者福壽。肥而圓者富貴。臬而曲者淫劣。細而弱者貧夭。背高而腰細者夭。腰高而臀高者貧。有背無腰。初發中滯。有腰無背。初困中亨。

訣曰。腰大而肥。富貴根基。腰闊而圓。福壽兩全。厚直背腰。福命自高。腰細折弱。東走西索。臀高於腰。兩腳雲霄。腰薄又側。二十之客。

賦曰。腰宜端圓兮。乃為背之儀表。富貴可推兮。乃肥圓而圍繞。淫賤兮多斜臬。貧愚兮多狹小。腰如蜥蜴兮。必遭厄而不少。腰如豐字兮。定安享而無了。腰細臀高兮。破家都為奇矯。燕體蜂腰兮。性命如何不夭。

【腰相詩 五首】

腰圍肥厚聶壬山。也效陶朱不等閒。鏹寶盈堆家道順。堦前都是錦衣斑。
行坐腰身正不偏。精神相應福綿綿。守成祖業家興旺。南極壽星更有緣。
細似蜂腰臀股高。此人不必問雄豪。平生孤獨無依倚。乞得饔飧祇自勞。
腰身扁側不成形。自顧容骸似草螢。舉世茫然多少客。可憐如醉醉難醒。
坐立腰欹望壽難。散離祖業莫求安。相逢識得終身事。刑剋多多子亦單。
形厚腰圓。悠悠福澤。貌欹中削。孑孑貧窮。

【臍腹捷徑】

夫腹者。伏也。為一身之爐冶。所以包腸胃而化萬物也。臍者。齊也。帶脈之所。六腑總領之關也。故腹欲圓而長。厚而堅。勢欲下而垂。故曰腹象陰而藏物。萬物皆聚。此所以為伏也。玉篦曰。居上則智。居下則愚。腹皮厚多智而富。腹皮薄多病而賤。背有三甲。腹有三壬（乃垂字也）者福祿。腹小者少福。故臍欲深而闊。智而有福。淺窄者愚下而勞。向上者福智。向下者貧愚。低者愚慮遠。高者無識量。或凸而出。淺而小者。非善相也。

訣曰。腹墜而垂。富貴壽宜。腹如抱兒。四海聞知。腹上而短。飯不滿碗。腹勢垂下。名播天下。腹如雀腹。貧賤無屋。腹臍凸出。壽定夭促。臍深容李。名播人間。腹大垂囊。食祿無疆。腹勢如囊。名震四方。

賦曰。腹圓厚如懸箕兮。富貴期頤。假皮粗而上重兮。秉性自欺。寬平皮厚兮。乃聰明之如斯。窄狹薄小兮。竟奔走而無依。臍若深藏兮多巧思。大可納李兮。是福基。臍露而小兮。壽促以身危。腹小向下兮。飄蕩而瘦肌。

【臍腹相詩 五首】

母氣在臍世罕知。而今子氣不能離。高生於上多心志。低象模糊是下資。

臍能納李棟樑才。腹若垂箕斂貨財。如此形模稱上格。終當超越不須猜。

腹闊臍深智慧生。談今論古有才名。少年未遂鴻飛志。灼灼精神見晚成。

臍凸性庸福不嘉。膠膠擾擾亂如麻。資財若也無消散。怎得飛身入紫霞。
雀腹之人莫詭謀。詭謀謀就反生愁。欲知端的原無稟。任是心肝怎出頭。
臍大而深。超群出眾之士。臍凸而小。庸夫俗子之徒。
積玉堆金。臍可納李。盈千累萬。腹若懸箕。

古訣論腰腹臍（二）

【論腰】

腰者為腹之山。如物依山。以恃其安危也。故欲端而直。闊而厚者。福祿之人也。若偏而陷。狹而薄者。卑賤之徒也。是以短薄者。多成多敗。廣長者福祿永終。直而厚者富貴。細而薄者貧賤。凹而陷者窮下。梟而曲者淫劣。蜥蜴腰者。性寬而善。黃蜂腰者。性鄙而邪。夫臀高而腰陷者。主賤。腰高而臀陷者。主貧。大抵腰欲端闊。臀欲平圓。則相稱也。

【相腰篇】

行步緩而輕。坐起直而平。前視如負物。後視如甲形。有背無腰。初發平平。中滯。有腰無背。初困中亨。但於橫發多憂疑也。腰背兩全。富貴雙全。毀辱不能及。利害不能動。此乃腰背好也。

詩曰　腰背負物似甲形。行輕坐起直而平。
有腰無背中年好。有背無腰早歲成。

【論腹】

腹者。欲圓而長。堅而厚。勢欲垂而下。皮欲厚而清。故曰腹圓向下。富貴壽長。腹墜而垂。智合天機。腹象陰而藏物。勢欲向下。萬物皆聚。此所以為貴也。腹近上者賤而愚。腹上而短。飯不滿碗。腹如抱兒。四方聞知。皮厚者少病而貴。皮薄者多病而賤。

【相腹篇】

許負曰。腹小而下。大富長者。腹大垂下。名遍天下。腹如抱兒。萬國名題。腹如雀腹。貧賤無屋。腹有三甲。背有三壬。如此之人。法蓄黃金。腹臍凸出。壽命早卒。

詩曰　貌有殊形各有宜。腹皮垂厚足豐衣。
莫言一見知凶吉。須用留心仔細推。

【相臍】

臍為筋脈之舍。六腑總領之關也。深闊者智而有福。淺窄者愚薄。向上者福智。向下者貧愚。低者思慮遠。高者無識量。大能容李。名播人耳。或凸而出。淺而小。非善相也。

詩曰　臍為臟腑之外表。只要深寬怕窄小。
居上則智居下愚。此理凡人知者少。

古訣論腰腹臍（三）

【腰】

腰在直長肥圓。直長者有福有壽。肥圓者不貴即富。短薄則多成多敗。臬曲則又淫又夭。偏斜者賤。凹陷者窮。女人腰大是福。小則淫。斜則淫而又賤。細則夭而又孤。無論男女。腰生疊肉者必發。腰高臀尖者終敗。

【腹臍】

腹要圓長。堅厚。皮宜厚（薄則賤。又多病）。勢宜垂。富貴壽長。上小下大者大富（上飽則下無托。主無結果）。筋橫色赤者大貴（筋不可直。直則貧。色不在青。青則次）。大而垂下者大名（腹如抱兒。四海聞知）。

臍為子之根。要朝上則多福而子無虛花（朝下則卸。子防虛花。身少結局）。要深則貴而多子（淺者男窮。女無子）。要有欄則有結果。凸淺向下。貧夭相也。女不論肥瘦。臍一分深。即有一子。大則好養。小亦多夭。凡面相雖好。而腹小臍小腰偏者。無子之婦。不足道也。

【論胸乳】

男性之胸

男性胸膛以寬闊而長為佳，忌瘦陷、短小或骨尖而凸露，為貧賤之人。

闊胸

胸以平闊長為佳，又平闊亦宜厚，最好前看似仰，後看似俯，一生必享富貴。如前後皆平，則闊亦無用，乃福薄之人。

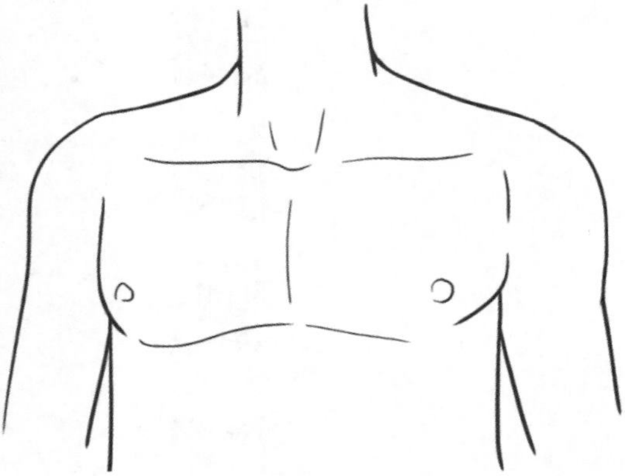

闊胸

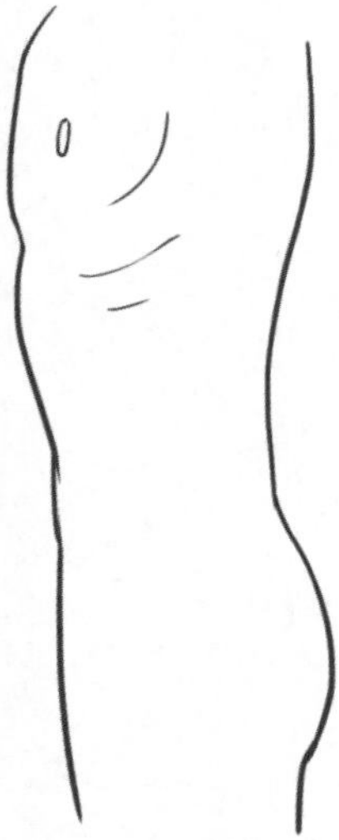

前後平薄

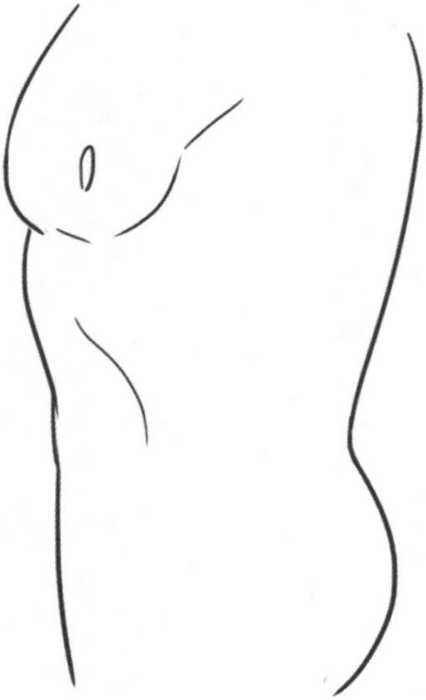

前仰後俯

雞胸

胸骨窄尖而凸出，像雞胸一樣，不論男女，皆為下賤之人，即使富亦為低下之輩，難以論貴。

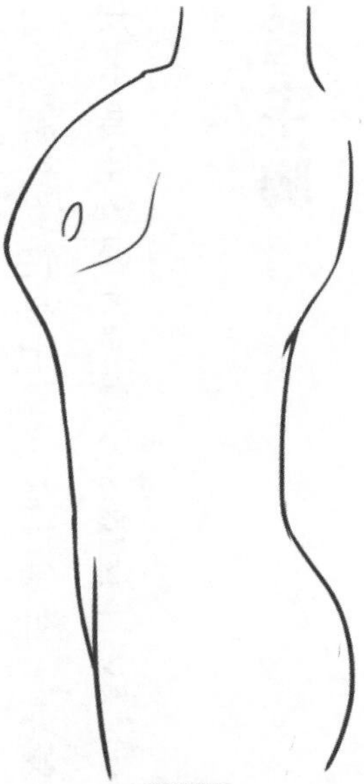

雞胸

骨瘦如柴

胸瘦陷而露骨，絕非良相，主不貧則夭，即使富貴亦恐難長久。

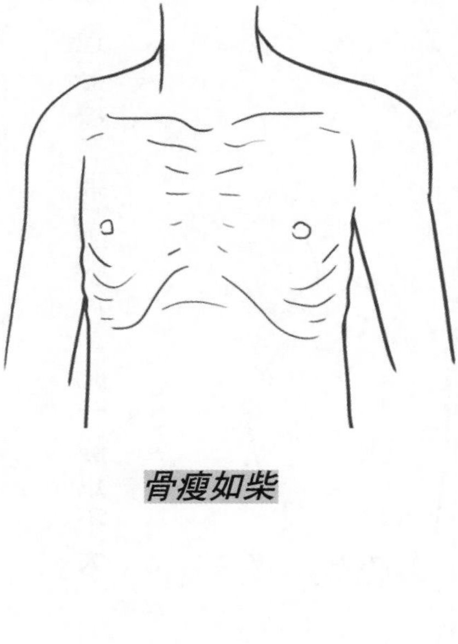

骨瘦如柴

女性之胸

胸在女性身上除了是性徵外，亦與富貴貧賤、夫運好壞有連帶關係。胸一般以不大不小為佳，過大或過小，婚姻一般都不大美滿。

超平胸

不論身形薄削或肥大，都不能算是吉相，因此胸一般主夫星無助，容易離婚或嫁給一個不大出色能幹的丈夫，需要終身為丈夫操勞。

微胸

像A級那樣，或比兩隻荷包蛋大一

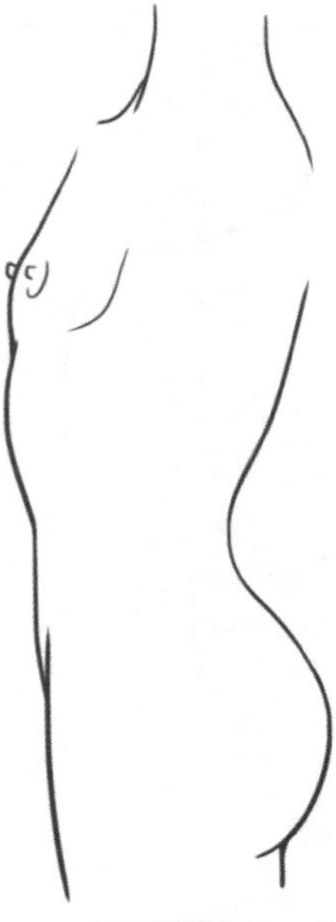

超平胸

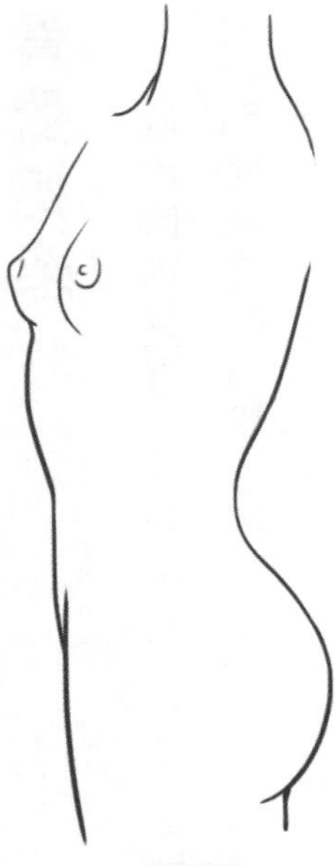

微胸

點。得此相者，婚姻一般比較容易美滿，亦能得丈夫寵愛，家庭生活以幸福居多。

B、C級胸

此亦為一個不錯的胸相，無論與丈夫的關係，或家庭生活的美滿度都較高，離婚機率相對較低。

D、E級以上

一般胸愈大，婚姻美滿度愈低，且感情容易屢遭波折，即使有幸結婚，離婚率亦相對較高，最好嫁不正常姻緣，這樣婚姻能得美滿的機會將會大很多。

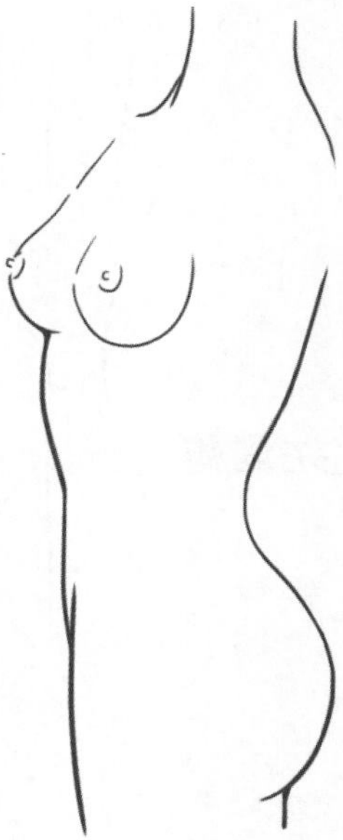

B、C級胸

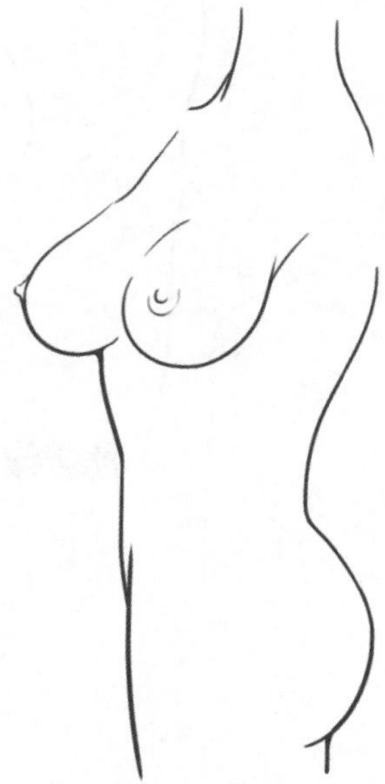

D、E級以上胸

竹筍胸

竹筍胸，即胸形不大不小，微微上翹，像竹筍一樣。得此相者，夫運一般平穩，雖然較難嫁給富貴之夫，但夫妻恩愛，家庭生活美滿。

左右開胸

胸不論大小，左右兩邊分開皆非吉象，主一生感情必波折重重，最好遲婚或嫁不正常姻緣，這樣離婚的機會將大減。

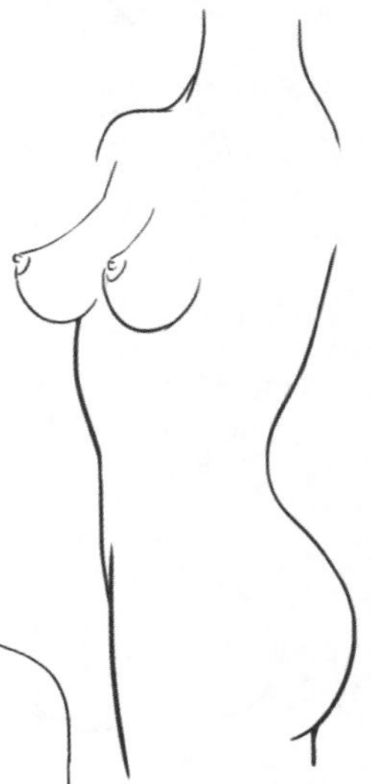

竹筍胸

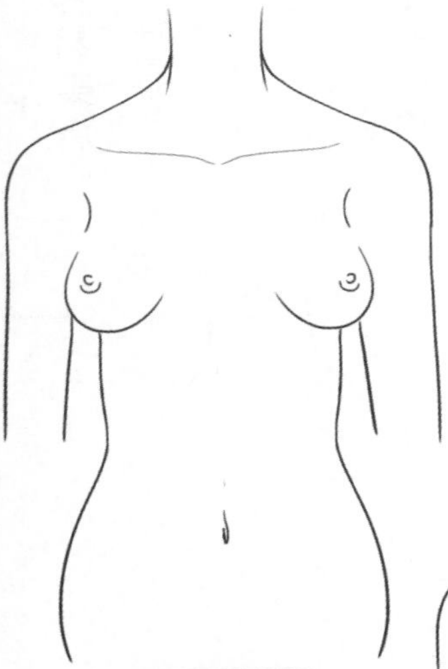

左右開胸

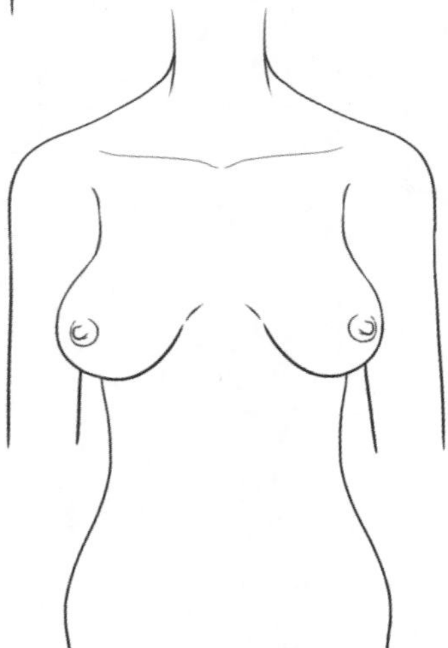

左右開胸

古訣論胸乳（一）

古書說乳以長為佳，有毫毛者貴，但筆者對乳相並無研究，只好節錄古訣，好讓讀者參考。

【胸相捷徑】

胸者。所以藏萬事。為神之宮庭。宮庭深廣。則神安而氣和。府庫傾陷。則智淺而量小。故胸欲長厚平闊。乃為智高福祿之人。若凸而短。狹而薄者。乃貧薄之人也。胸能覆身者富。偏而側薄而短者貧賤。骨凸者夭賤。坑陷者窮毒。胸短於面者貧賤。凸然而起者愚下。漥然而傾者貧窮。闊而豎者英豪。肉豐而闊者富貴。狹窄如堆者頑鈍。骨起如柴者貧苦。凹落如槽者窮毒。胸闊無肉者破敗。骨肉平匀者仁智。骨肉高低者愚狠。

訣曰。胸中黑痣。兵權萬里。胸中毫毛（一二毫長。黑光者是）。名播四方。胸狹而長。

不可求望。胸廣相長。主得公王。胸狹高起。貧賤不已。胸若壓身。富貴多珍。胸不均平。未足為榮。胸均平滿。資財必廣。胸有毫毛（十毛以下。二毛以上必享壽。多毛者亦主貪惡凶亡）。志氣必高。有胸無背。貧賤如泥。瘦如雞胸。一世孤窮。

賦曰。胸平正而長闊兮。斯福智之駢臻。肉博厚而寬廣兮。懷蓋世之經綸。如覆舟兮。必身榮以子貴。能匱身兮。定縉紳而懷仁。一痣當胸兮。兵權萬里之虎臣。一二毫抽兮。胸藏八斗之才人。似雞胸分害六親。若枯柴兮志不伸。挺然凸起而骨露兮。窮濫多嗔。漥然坑陷而薄短兮。終窶且貧。

【胸相詩 五首】

胸若抱兒宰相才。人間無比是仙胎。形骸妙合何須問。位列三台不用猜。

胸長豐厚福無量。早步雲梯意氣揚。試看君心宏物大。滿懷都是好文章。

胸膛廣闊性聰明。毫吐二三有盛名。器量寬宏行好事。班班膝下樂真情。

胸骨崚嶒小鬼形。自為自受苦伶仃。污勞筋骨營謀去。可嘆浮生水上萍。

雞胸骨挺最貧窮。作事慌忙沒始終。朝暮營求無下落。勸君只可伴豪雄。

薄背蜂腰。決然愚夫。闊胸平背。必定興家。

【乳相捷徑】

兩乳皆屬於陽。外宜凸爾隆起。長而且大。以顯其陽之體質。故成童時男陽精生。女天癸至。乃為純陽真陰初動。即露於兩乳。形類果核。蓋據心胸之左右。運氣血之流通哺。食兒女之宮。辨別貴賤之表。在婦女尤為至要。男子一身。皆屬陰。惟露一點真陽。是謂陰中之陽。為乾。為奇。為覆。女人遍體盡屬陽。獨現一點真陰。是謂陽中之陰。為坤。為偶。為載。女身若非純陽。何以能懷胎而妊生。若非兩乳。何以受氣血以養育。乳本血氣所化。原籍神以宰氣。氣以運血而成。此所謂以鉛投水。以紅變白。故婦人之氣盛血旺而乳多。氣衰血枯而乳少。乳大肥長。其色或紅或紫。氣血盛則生育多。乳小短薄。其色或黃或白。氣血衰則生育少。乳大長垂至七八寸者。大福之女。發族之婦。而男子乳亦宜開闊。肥人尤要肥大而長。以主智福。

肥人乳小。終是庸流之輩。即富不久。故乳欲得闊而紫垂而墜。不可狹而白。曲而細也。是以乳闊一尺者至貴。乳闊八寸者次貴。乳柔嫩者貴。乳粗硬者貧。乳頭大者。志氣多子。乳頭小者。懦弱絕嗣。乳頭狹者貧賤。乳頭曲者艱嗣。乳頭仰者子如玉。乳頭低者兒如泥。乳頭壯而方大者。壽而福。乳頭藏於腋下者。義而富。乳頭長而紫者。賢而多子。乳頭白而黃者。賤而乏嗣。乳頭紫如桑椹者。貴多子孫。乳頭如懸針者。財無一分。薄而無肉者。衣食不足。實而有肉者。財帛豐隆。乳頭生毛者。多藏見解。乳頭黑子。必生貴子。

訣曰。乳闊一尺。早歲發達。乳頭肥方。福壽榮昌。乳若紫色。兒孫早得。薄而無肉。衣食不足。實而有肉。金玉滿屋。乳頭生毫。聰明必高。乳細如針。家無一金。乳頭若小。兒孫必夭。乳頭一仰。生兒難養。

賦曰。男子乳大而肥兮。多陳粟與朽貫。婦人乳小而白兮。常虛爨而悼歎。紫似桑椹兮。必作當朝之屏翰。小如懸針兮。誰云偕老而舉案。乳長且垂兮。弄瓦而弄璋。乳抽長毫兮。為楨而為幹。

【乳相詩 五首】

乳若長垂世所稀。夫人一品坐珠帷。衣冠發族真綿遠。老看兒孫點額時。

乳如黑椹貴兒多。個個成人不受磨。廣積陰功增後福。笑看折桂幾登科。

乳肥寬廣自興家。迪吉悠悠笑語譁。盛矣復衰多不解。只因色白故難誇。

乳頭潔白淡微黃。狹小雖垂子亦傷。滿眼兒孫榮甲第。全憑母乳大而長。

乳小雖寬不足佳。有錢無量性情乖。未曾發跡中年好。幼已成家老慮懷。

乳大而墜。福祿駢臻。乳長而垂。眾孫環列。

古訣論胸乳（二）

【論胸】

夫胸者。百神之掖庭。萬機之枕府。宮庭平廣。則神安而氣和。府庫傾陷。則智淺而量小。故胸欲平而長。闊而厚。乃為智高福祿之人。若夫凸而短。狹而薄者。乃是神露貧薄之人也。胸能覆身。富貴。胸短於面者。貧賤。突然而起者。愚下。漥然而傾者。貧窮。平闊如砥者。英豪。狹窄如堆者。頑鈍。骨起如柴者。貧苦。凹落如槽者。窮毒。胸中黑子者。為兵萬里。胸中毫毛。播名四方(一二毫長而黑光者是)。胸闊而長者。財易積。胸狹而長者。謀難成。骨肉平勻者仁智。骨肉高低者。愚狠。

【相胸乳】

胸中為萬事之府。平正而廣闊者富貴。凹凸而狹薄者貧賤。男昂則愚。女昂則淫。乳為血脈之穴。圓紫而垂下者。富貴而多子。白小而斜狹者。窮困而蹇滯。

【相胸篇】

胸狹而長。不可求望。胸廣而長。主得公王。胸短於面。法主鄙賤。胸上黑紫。為兵萬里。胸獨高起。貧賤不已。胸若覆身。富貴名真。胸不平均。未足為人。胸均平滿。豪播天畔。胸有毫毛。必主貴豪（凡十毫以下三毫以上者。必主人貴豪。多生毛者。亦多貧賤）。胸廣而長。方智榮昌。

詩曰 胸為血氣之宮庭。平廣方而衣祿榮。
若是偏斜並凹凸。定知勞碌過平生。

古訣論胸乳（三）

【胸】

胸要長厚平闊。方是福祿之相。但長則要闊。長而狹者多凶。闊則要有肉。闊而無肉者多敗。凸則性兇而孤。並無壽。凹則心毒而陰。並多貪。凡胸短於面。骨起如柴者。皆苦相也。胸有黑痣者大貴（兵權大）。有毫毛者大名（須只一二毫長而黑光者方是）。女人頭硬胸高。又妒又淫。不孤亦寡。並難永壽。

【乳】

乳為子之苗。大者肥者長者富貴子多。小者薄者短者貧賤子少。長八寸者大福之女。闊一尺者尤為貴極。頭要硬（圓硬子必富。方硬子必貴。柳莊論十清。以至瘦而乳頭硬者為一清。主富貴）。要大（大者賢而多子。福壽兒貴。小者無子而弱）。要仰（仰者子如玉。低者兒如泥）。要黑（不黑。孤貧）。要紅。不可白。不可黃。賤而乏嗣。不可曲。雖生難養。男子乳亦宜寬闊。體肥者更要肥大而長。蓋乳薄無肉。衣食不足。實而有肉。財帛豐隆。乳又可以定人生之財祿也。有黑子者。必得貴子。有毫毛者。必富韜略。子亦貴。

【身相總詩 五首】

體喜肥圓忌扁身。圓肥富福扁身貧。中停長闊多倉廩。乳小雞胸是匪人。

膚似凝脂體若香。清奇骨格眼神藏。三山背聳懸箕腹。富貴綿綿不可量。

看來壬甲兩般全。胸闊心平志浩然。臍納桃梨腰又厚。滿堂金玉好因緣。

瘦似枯柴黑似煤。窮年矻矻不須猜。朝朝謀食謀難就。話到孤貧事可哀。

背脊成坑受困窮。皮膚粗澀總囊空。精神短促齡何久。我語三般感慨中。
壬甲停均。功名易達。骨肉相稱。福祿來臨。
平直體香。身居翰職。腹垂背聳。位列諫台。
肅官紀於群僚。五花紋在腹。掌兵權於萬里。一異痣當胸。
背厚腰圓。安享富福之士。體魁肉滑。定然超達之人。
骨肉和勻。得優游而暢達。心胸平坦。處安樂以優閒。
瘦似枯柴。知貧苦之無措。腳如長杖。徒僕塵之維勞。
乳小臍凸。應知壽夭。骨粗肉橫。乃是兇徒。

【論臀】

臀之相學意義

臀看晚境，至為重要。臀以肉多厚大為吉，瘦削無肉為凶，必主晚年孤獨。女性臀平，婚姻子女皆緣薄；反之臀部肉多，晚運必佳，婚姻多美滿，子女運亦佳。

翹起之臀

對於翹起之臀，中國人謂之淫賤相，因中國人受儒家禮法之影響，認為女性要三從四德，而女性臀部翹起，為熱情之相。

試看歐美及熱帶地區之女性，大多臀部翹起，所以她們較熱情主動，但東方女性這樣表現的話，便會被人說成淫賤。不過，隨着現代社會風氣日漸開放，女性亦可以主動去結識自己喜歡的異性，所以此臀並無問題。而男性臀部有肉翹起，不論古代、現代皆為色慾較強之相。

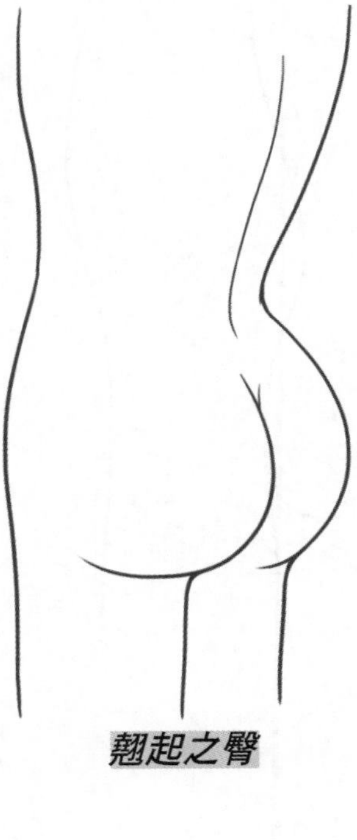

翹起之臀

圓臀

圓臀為正常之臀，主有晚福，子女運佳，為豐衣足食之相。

方臀

方臀，即臀部稍為下墮並橫向兩邊。此為勞碌之相，代表一生勞勞碌碌，難有大成，但衣食無憂。

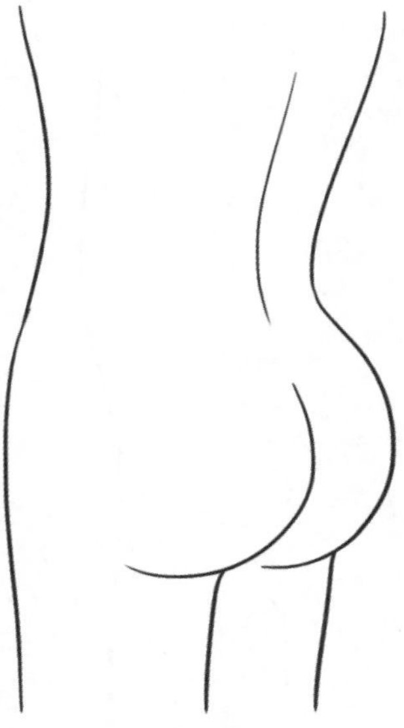
圓臀

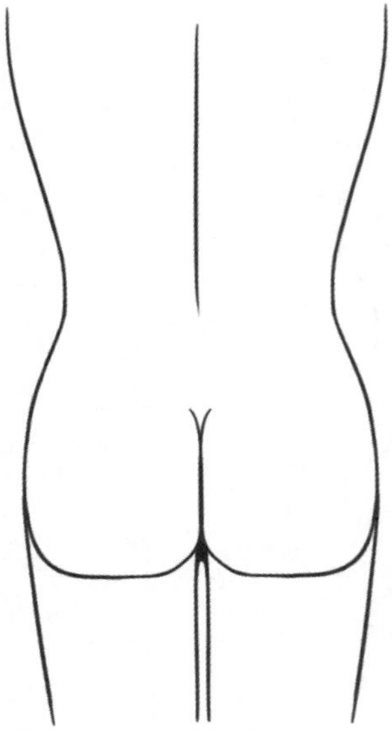
方臀

扁平臀

臀部最忌扁平，主無晚福，子女緣薄或無子女，為孤獨之相，宜多做善事，廣結人緣，以補親情薄弱。

BB形臀

ＢＢ形臀，即左右兩邊之肉聚向中間，形成中間較多肉但兩邊肉薄的情況，類似嬰兒的臀部。

這種臀部以女性較多，主其人心地好，但神經質，有孩童之性格，愛撒嬌，但有此種臀相之人一般易得丈夫寵愛，丈夫亦有一定之財富及地位。

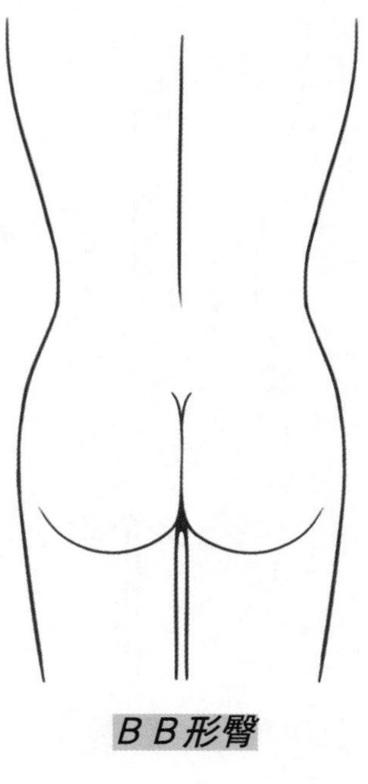

ＢＢ形臀

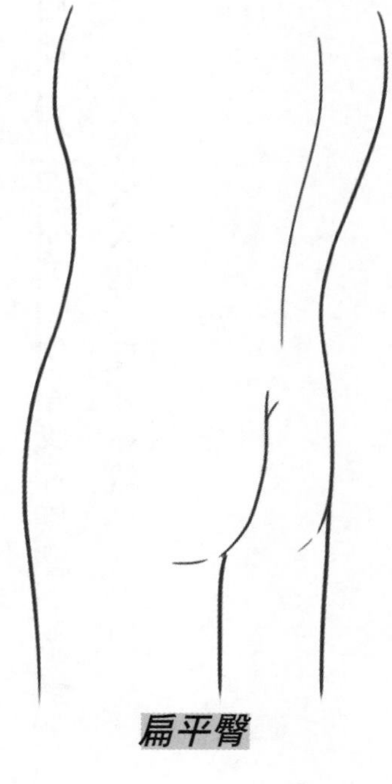

扁平臀

瘦臀

臀部最忌瘦而兩邊凹陷無肉，主一生較為辛苦，得不到應得的回報，為多勞少得之相，如人肥臀瘦則更忌。

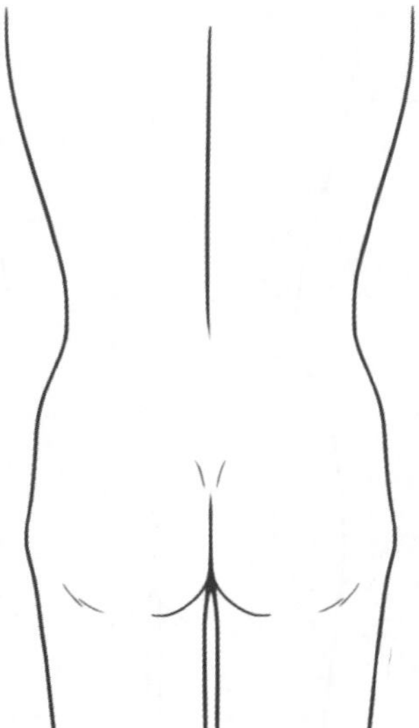

瘦臀

古訣論臀

臀亦關係福祿。要在平圓。老者肥者無臀。有妻無子。少者瘦者無臀。多學少成。長而無臀。無結果。短而無臀。難發達。女人臀大又賤。反之亦然。

【論下陰】

有古論下陰者，但筆者覺得以杜撰居多，如「武則天陰毛長過膝」、「大便成方者貴」、「小便如散珠者貴」，皆偏離常理。現節錄一些古訣給各位讀者參考，但只是參考而已，不能信以為真。

古訣論下陰（一）

【下陰捷徑】

夫下陰者。內有三竅。精一竅焉。今以相論。乃大小二便。陰陽二竅。水穀二道是也。故穀道長而方者貴。水道寬而圓者賤。大便長而方者貴。小便如撒珠者貴。玉莖聳出者賤。龜頭內縮者貴。陰毛逆生者。夫婦決不和睦。小便自根散者。初年困敗。中散者中年困敗。杪散者晚年困敗。大便遲緩者富貴而壽。急速者貧賤而愚。小便撒如雨者貴。直下如篙攢者賤。辮珠者聰明。婦人小便。如潤泉者貴。如米篩者賤。如漏滴者多病。速者貧。緩者富。多便者夭。少便者壽。便能忍者主壽多貴子。陰毛多者淫貴。無毛者賤。毛過穀道者下賤。陰毛過膝者貴。紅黃者賤。直者賤。勾者貴。亂生者賤。順生者貴。欲察陰陽二道。男觀其鼻。女觀其口。而大小上下偏斜紋痣。驗其上部。則可以知其下部矣。

訣曰。穀道多毛。號曰淫杪。大便長方。貴豈尋常。聰明壽考。迪吉而昌。大便緊澀。高年福澤。穀道寬圓。多主不全。便如猴糞。其人困頓。尿如散珠。榮華歡娛。尿直如篙。定作漁樵。屎如龍蟠。性和而寬。

賦曰。女身皆陽兮。得真陰而成離。男身盡陰兮。受真陽而成坎。太極兮分造化。二儀兮有召感。龍頭豎舉兮。如虎視之眈眈（即伏腎中水虎説也）。月窟空懸兮。似蓮出之菡萏（即陽中露陰也）。

【下陰相詩五首】

人生斯世姓名香。小便散珠大便方。智慧自然應上達。何愁身不佐朝綱。

痣在龜頭不足誇。曾知其相未堪嘉。居中左右誠難識。識得元微是相家。

陰上毛多性最淫。無毛卻也沒胸襟。不多不少稱奇特。一片玲瓏錦繡心。

高而不下妙難言。貞節貴榮福子孫。若是低生貧賤者。不為娼妓也開門。

陰上無毛臀股高。性多淫亂好喧嘈。不為婢女人驅使。應是貧窮傍富豪。

得極貴夫。誰知陰毛過膝。受王侯位。總由大便方肛。

尿似篙形。此輩安能後望。便如珠散。其人必有前程。

古訣論下陰（二）

【下體】

龜頭要小則妻賢子貴。偏則子賢。縮則身貴。大則招凶。大長則賤。過長無子。囊不宜墜。不宜無紋（絕嗣也）。不宜冰冷（子少也）。紋宜細。色宜黃。又宜火暖（主貴子）。小便如散雨散珠者貴。寬圓直下者賤。

陰戶生前生上。貴而子多。生後生下。賤而淫孤。太大無子。太小子又賤。又要軟方為貴。硬亦賤。寬與皮光。皆淫相也。毛色宜黃。質宜軟。生早夭。生遲淫（十六後二十歲前生最好）。毛黑硬者。奸惡之婦。貴亦多凶。並不能久。無毛者。亦淫賤之相也。

【論四肢】

論手

手長則貴，腳長則賤，孟子手長過膝，終為宰相；而手短不及腰者，則為貧賤之相。

又龍骨欲長，虎骨欲短，只可龍吞虎，不宜虎吞龍，又掌宜厚、宜軟，食指宜長過無名指。

中國相學對手掌的研究，遠比西方人為淺，如對掌相有興趣的話，可以參考筆者所著的《觀掌之心（入門篇）》、《掌丘掌紋篇》、《掌紋續篇》及《中國掌相》。

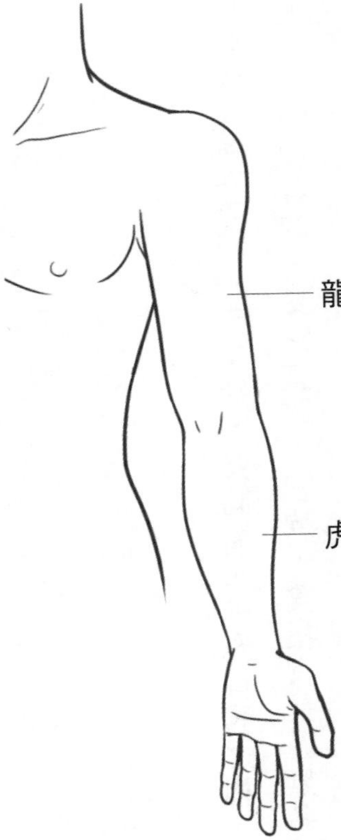

論腿

中國相法以腰長腳短為佳，腰短腳長為賤，但最重要者，不論腳長腳短，腰亦不宜過短，因腰過短為無福之人，而腳最重要者是小腿是否有肉、腳腕夠不夠細、腳底窩夠不夠深。

小腿有肉

不論腿之粗幼，小腿皆以有肉為佳，但腳腕則以細為佳，細者清閒，粗者勞碌。

小腿無肉

小腿無肉者，乃風塵之命，不論出身富貴、貧賤，一生常陷於色情中。又小腿無肉一般以女性比例較多，上代的風塵女子，多有此象。

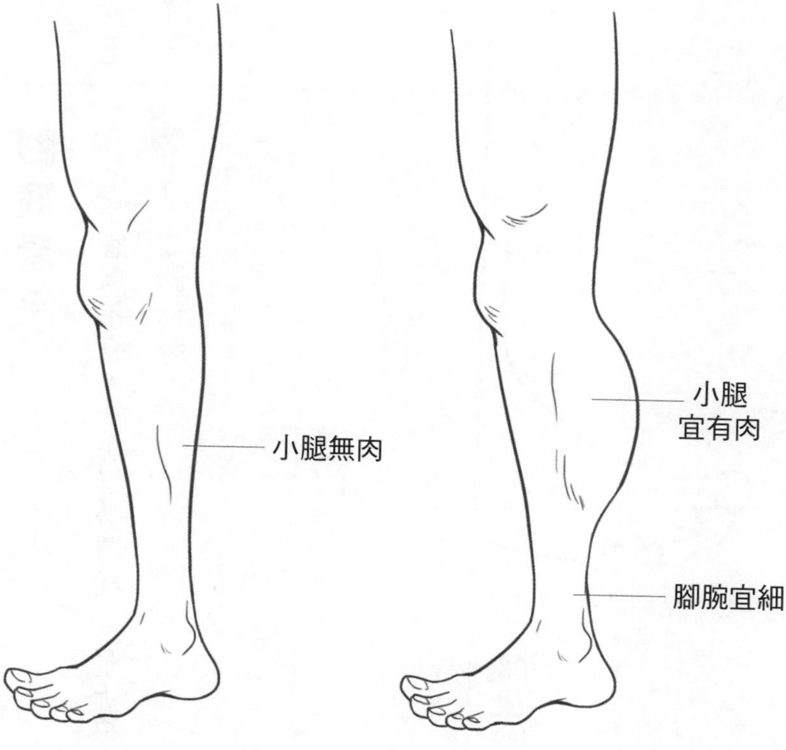

腳底有窩

腿底以有窩為佳，窩愈深愈好；腳面則以平滑有肉而不露筋為佳，筋浮骨露為辛苦之人。

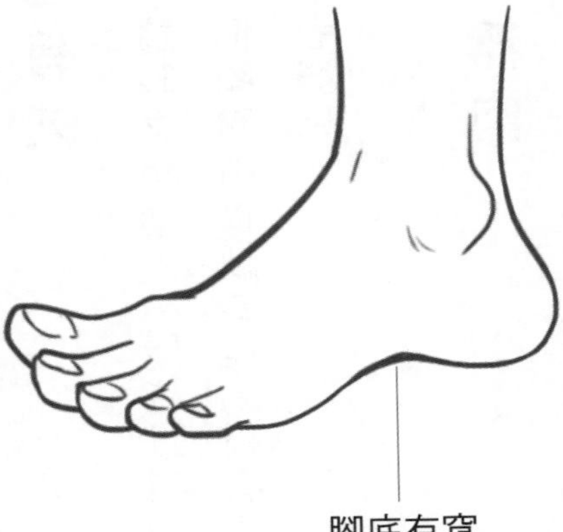

腳底扁平

腳底扁平者，一生操勞難成，為辛苦之人，成就一般。

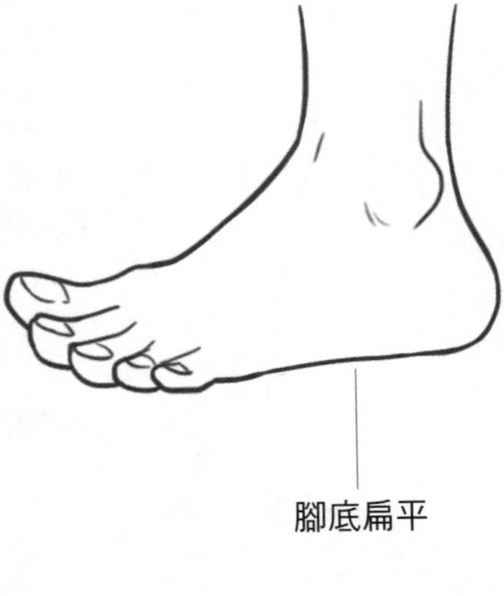

古訣論四肢

【四肢捷徑】

夫四肢者。謂兩手兩足是也。故四肢以象四時。若四時不調。則萬物難生。四肢不端。則一生困苦。是以手足。象木之有枝幹也。多節名為不材之木。紋痕象木有理也。雜亂名為不善之紋。然手足欲得軟而滑。骨節要不露。其曰如玉。其直如簳。其滑如苔。其軟如綿者。富貴之人也。其或硬而粗大。筋纏骨出。其粗如土。其硬如石。其曲如柴。其肉如腫者。貧下之徒也。手足俱要有毛。名曰衣毛。手者。其用所以執持。其權所以取捨。大抵欲軟而長。膊欲平而厚。骨欲圓而低。腕節欲小。指節欲細。龍骨欲長。虎骨欲短。骨露而粗。筋浮而散。紋疏而粗。肉澀而削。非美相也。自臂至肘。名龍骨。象君。欲長而大。肘至腕。名虎骨。象臣。欲短而小。又云。其手白如玉者貴。手直如筍者聰慧。手滑如苔者福壽。手纖長。性慈而好施。短厚者。性鄙而好取。手垂過膝者英賢。手不過腰者貧賤。人小而手大者耗財。人大而手小者清貧。手薄削者貧。手端厚者富。手粗硬者下賤。手軟細者清貴。手暖香者清高。手常污者心苦。指纖長者清貴。指短禿者愚賤。指柔密者蓄積。指硬疏者破敗。指如春笋者清貴。指如鼓槌者愚頑。指如剝葱者食祿。指粗如竹節者貧賤。手薄硬如雞足者。無智而貧。手崛強如豬蹄者。愚魯而賤。掌硬而圓者愚。掌軟而方者福。四畔豐起而中窪者富。手軟如綿囊者至富。手皮如鵝足者至貴。掌長而厚者貴。掌薄而短者賤。掌圓澤者富貴。掌乾枯者貧賤。掌紅如噀血者榮貴。掌黃如排土者至賤。青色者貧苦。白色者寒賤。掌中當心生黑子者智而富。掌中四畔生橫理者愚而貧。有紋者上相。無紋者下相。縱理多者性亂而災。橫理多者性愚而賤。豎直貫上指者。百謀皆通。亂理出指縫者。百事破敗。其餘訣法。詳掌法元機中。足者。上載一身。下運百體。所以象地載萬物也。欲得方而廣。正而長。膩軟者。富貴之相也。不可側而薄。橫而短粗而硬者。貧賤之質也。又要有跟。厚實而正者。閒樂官榮。橫窄粗薄者。辛苦貧寒。足下無紋。闊大而薄者貧賤。足下有痕者。富及子孫。足下有痣。有龜紋理者。通達三公。小則刺史之位。足心黑子。祿二千石。足厚四方。必大祿富貴之人也。脚下旋紋者。名播千里。脚下平板者貧愚。脚下凹容龜者富貴。足指纖長者。忠良之貴。足指端長者。豪邁之賢。足厚四方者。鉅萬之富。足底三痣者。兩省之權。足下軟細而多紋者貴。足下粗硬無紋者賤。足下有禽紋者。八位之職。足五指有策紋上衝者。兩府使相。足下有十字紋者。侍郎之職。足下有紋如錦繡者。食祿萬鍾。足下有紋如花樹者。積財無數。足下有紋如翦刀者。藏錢鉅萬。足下有紋如人形者。貴壓千官。腳指有八螺紋者。富而且貴。兩小指無者是也。若兩小指皆有。謂之十螺紋。主性鄙吝。十指皆無螺紋者。主多破敗。大抵貴人之腳背肥而厚。賤人之腳背薄而大。

訣曰。手如噀血。財祿不缺。手紋纖長。必為賢良。手軟如綿。閒且有錢。手上露筋。一生艱辛。手如綿囊。位至公王。指如竹鎗。福智無疆。足下有紋。拔萃超群。足下黑痣。富貴賢士。足可容龜。必封侯位。足底三理。富貴無比。腳背內厚。富貴現在。

賦曰。手垂過膝兮。乃人間之英賢。足底生痣兮。乃朝廷之仔肩。手長足短兮。智慧大而福全。足長手短兮。器量小而執鞭。手無毛兮必無權。腳無毛兮苦無錢。膚嫩肥厚兮。享清閒而福壽綿綿。粗澀枯槁兮。處卑污而泣涕漣漣。足底一紋成字兮。文章出自天然。掌中八卦隆滿兮。行為應在人先。

【四肢相詩 五首】

兩腳短兮兩手長。早登雲路受金章。奇紋奇痣官非小。束帶立朝輔紀綱。
手足皮膚軟似綿。龍吞虎骨此身全。功名蹭蹬難如願。沒甚功名總有錢。
腳大無毛兩掌粗。此人定是人中奴。寒酸骨起兼神濁。到處難謀一影孤。
骨露筋浮最可悲。一生苦況告誰知。手粗足薄無些用。定是人間老乞兒。
腳長手短走西東。哪得安閒半日中。且看爾忙忙甚麼。忙來忙去一場空。
骨露筋浮。六親何能倚靠。肉枯皮澀。一生安望顯榮。
掌紋如錦。囊有餘錢。背凸若鎗。性必機巧。
腳短白肥。眼前福祿豐厚。足底黑痣。將來富貴綿長。
腳背厚而有毛。享福不盡。足背薄而光柱。奔苦堪嗟。
身短足長。方為貧夭之輩。足薄手短。定是強頑之流。

【論言語聲音】

論言語

言語、聲音為內相，有時比外象更為重要。言語快者性急，快而清者，頭腦靈活；急而亂者，思緒不清。言語慢者性緩，慢而條理分明者，必有所成；慢而詞不達意者，難有所成。

此外，話直心正，話曲心歪；言而有信謂之口德，言而無信者謂之口賊；低頭而後語者詐，必言而無信；逢人道是知己者，有事必先走。

總之言如其人，除眼之外，言語是最容易看透一個人之處。

論聲音

除言語外，聲音亦是非常重要的，一般發於丹田者為上聲，發於胸口者為中聲，發於喉嚨者為下聲，上聲者貴，下聲者一般常人。

又男性不欲帶女聲，女人不欲帶男聲，兩者皆不利姻緣，且一生常多憂思。

古訣論言語聲音（一）

【言語捷徑】

夫言者。心之聲也。聲者。肺之表也。言語為禍福之門。故古人作自主詩以誡之。貴人之言。言不妄發。發必中節矣。言不妄陳。陳必有序矣。所以明達者言順。剛正者言端。簡靜者言真。謙恭者言微。執中者言正。虛誑者言繁。躁進者言暴。魯莽者言粗。愚頑者言鈍。陰毒者言而含笑。其言泛泛者。終無所成。其言便便者。終不困滯。凡人之言。繫乎氣實。貴乎神和也。神和則言有志。凡與人言。貴乎有信。貴乎有理。語為吉祥。方滋厚福。若讒言易入耳。邪言易出口者。小人也。未言先齒笑者窮。語緩語軟者心有所求。語無次序者。心生毒害。言簡聲清。説話和媚。使人難入者清貴。婦人發語。緩而不雜。聲沉者貴。未言先笑者多淫濫。語言出急聲破者貧。或言未足而色先變。或聲未止而氣先絕。曰雄雌天羅。非令質也。肘後歌云。言而有信。謂之口德。浪語無規。謂之口賊。隨口和人者內空。低言平語者內剛。語言輕忤者必強暴。性急語快者順。語言多泛。心事難明。唇輕舌薄。説是説非。

訣曰。對面說話。心隔千山。細審言語。識得機關。口唇偏薄。是非訕謗。話多頭緒。必生不義。冷笑半聲。人多無情。性急語快。心中無怪。未語自羞。定短春秋。言簡且清。富貴聲名。語言深沉。發旺之人。言有餘音。方見精神。不是豪富。便是貴人。

賦曰。惟口興戎兮。當誦金人之銘。守口如瓶兮。三復白圭之經。君子兮語言欲訥。小人兮舌如鸛鴿。仁不佞兮多福祉。善戲謔兮損壽齡。乃若奸佞兮如簧如流。正真兮欲茹欲吐。語帶豺聲兮狠如虎。聲似鐘鼓兮登天府。剛正言端兮如操斧。明達言順兮誰敢侮。躁急言繁兮無進取。愚頑言鈍兮終寒苦。言未發而含笑兮。懷陰惡於臟腑。言未足而色變兮。恐罹人之網罟。

【言語相詩 五首】

正人言直話無偏。條序貫通理自然。折獄維良憑片語。鋤強濟困格蒼天。

言語之科列聖門。一言一語赤心存。而今開口便多忤。且看寰區市井喧。

庸流言語語無時。幾句常談作吐奇。添得二三搖鼓輩。囉嘈不覺自狂癡。
與人言語首先低。一段危機把話迷。好惡形容俱已露。揚鞭莫聽馬長嘶。
未言先笑莫相交。怕恐遭他利舌刀。把臂當時雖得意。他年未免有勞勞。
言語清圓。斯人逈非庸俗。聲音和潤。此輩定是官僚。
說話低平。乃是陰惡之輩。進言躁急。多為妄誕之徒。
語多雄雌。終必困於貧危。聲乏音韻。自難期乎年齡。

【聲論】

天有雷鳴之聲。地有風烈之聲。山有澗泉清流之聲。海有波濤浩瀚之聲。人則有上中下丹田之聲也。聲出於下丹田者上也。發於中丹田者次也。發於上丹田者下也。出下丹田。根深表重。和而聲潤。遠而圓暢。聰明達士。富貴中人也。出中丹田。根淺表微。輕重不均。嘹喨無節。或有成有敗。先貧後富。先富後貧也。出上丹田者。發於舌端。急促不和。乾濕不齊。震而鳴。焦而破。必勞苦貧賤中人也。若夫清而圓。堅而亮。緩而烈。急而和。長而有力。勇而有節。大如龍吟虎嘯。洪鐘騰韻。鼉鼓振音。小如澗水飛鳴。琴徽奏曲。或如甕中之響。浩瀚之韻。或如笙簧之音。塤篪之聲。或人小聲洪。五行合音。皆富貴福壽人也。乃若急而嘶。緩而溜。深而滯。淺而燥。大而散。散則破。或如破鑼之聲。敗鼓之鳴。寒鴉哺雛。鵝雁哽咽。或如病猿求侶。孤雁失群。細如黃蜂喧吟。青蠅聲慘。狂如秋蟬晚噪。蚯蚓夜吟。或如犬之吠。如羊之哀。如牛之牟。或男帶女聲。身大聲小。或聲未止而氣先絕。或言未舉而色先變。皆下愚刑剋貧夭也。君子之聲。總是詳緩清澈。和暢響亮。沉遠寬厚。大小有力。有聲有音有韻。小人之聲。懦弱輕薄。濁硬軟滯。快説無端。俗雖可聽。其實貧賤。破鑼聲者。成敗孤剋。斷續者成敗壽促。滯者阻滯。響者快利。清者清高。濁者愚魯。女帶男聲。剛強再嫁。男帶女聲。懦而無權。人大聲小者。貧賤命夭。小人聲大者。富貴福壽。聲弱者懦弱。聲薄者輕薄。破者作事無成。輕者斷事無能。聲硬者剛強毒害。聲軟者口甜心苦。聲先低弱而後琅琅者。先貧後富。先琅琅而後低弱者。先富後貧。夫聲音乃相理中一大關鍵。最為緊要。審辨端詳。庶得其真。不然。何以聞聲而識君子小人哉。

古訣論言語聲音（二）

夫人之有聲。如鐘鼓之響。器大則聲宏。器小則聲短。神清則氣和。氣和則聲潤深而圓暢也。神濁則氣促。氣促則聲焦急而輕嘶也。故貴人之聲。多出於丹田之中。與聲氣相通。渾然而外達。丹田者。聲之根也。舌端者。聲之表也。夫根深則表重。根淺則表輕。是知聲發於根而見於表也。若夫清而圓。堅而亮。緩而烈。急而和。長而有力。勇而有節。大如洪鐘騰韻。鼉鼓振音。小如玉水流鳴。琴徽奏曲。見其色則睟然而後動。與其言久而後應。皆貴人之相也。小人之言。皆發舌端之上。促急而不達。何則。急而嘶。緩而澀。深而滯。淺而燥大。大則散。散則破。或輕重不均。嘹喨無節。或皆睚而暴。繁亂而浮。或如破鑼之響。男有女聲單貧賤。女有男聲亦妨害。然身大而聲小者凶。或乾濕而不齊。謂之羅網聲。大小不均。謂之雌雄聲。或先遲而後急。或先急而後遲。或聲未止而氣先絕。或心未舉而色先變。皆賤之相也。夫神定於內。氣和於外。然後可以接物非難。言有先後之敘。而色亦不變也。苟神不安而意不和。則其言失先後之敘。辭色撓矣。此小人之相也。夫人稟五行之型。則氣聲亦配五行之象也。故土聲深厚。木聲高唱。火聲焦烈。水聲緩急。金聲和潤。又曰。聲輕者斷事無能。聲破者作事無成。聲濁者謀運不發。聲低者魯鈍無文。清吟如澗中流水者。極貴。發聲溜亮。自覺如甕中之響者。主五福全備之人也。

【許負聽聲篇】

聲小亮高。賢貴之極。語聲細嫩。必主貧寒。兼須危困。女人雄聲。終身不榮。良人早殞。虛有夫名。男子雌聲。妨婦多兒。女聲急切。妨夫一絕。

詩曰　木聲高唱火聲焦。和潤金聲最富饒。土語卻如深甕裏。
水聲圓急又飄飄。貴人音韻出丹田。氣實喉寬響又堅。
貧賤不離唇舌上。一生奔走不堪言。

聲大無形。托氣而發。賤者浮濁。貴者清趣。太柔則靡。太剛則折。隔山相聞。圓長不缺。斯乃貴人。遠見風格。

【論神氣】

神氣，比五官還重要。

神清氣足，百事可成；神濁氣衰，做事荒怠難成。神者，不但能從眼神觀人，透過行為舉止亦能察看。

神清

雙眼黑白分明而神光清瑩，眼珠亮麗好像會反光一樣，加上坐時如釘石般不動，動時如脫兔跳躍般靈敏，即為神清，主其人遇事臨危不亂，榮辱不動其心。

神衰

雙目無神，眼白昏黃，好像未睡醒一樣，加上坐時左歪右斜，久坐還會睡着，行動或緩或急，毫無氣度，遇事驚恐，不知所措，即為神衰，主其人常以榮辱繫於心。

氣足

氣藏於內，發乎於表面。氣足者神亦足，除了眼有神采，皮膚亦然，常如滿面春風，毛髮潤澤，呼吸綿長，如龜息一樣，是故神清氣足之人必享壽。

氣衰

氣衰者，目光暗滯，皮膚粗啞，毛髮乾枯，呼吸短而氣促，氣弱神衰，不貧亦夭。

古訣論神氣（一）——附論形

【論神】

夫形以養血。血以養氣。氣以養神。故形全則血全。血全則氣全。氣全則神全。是知形能養神。托氣而安也。氣不安。則神暴而不安。能安其神。其惟君子乎。寤則神遊於眼。寐則神處於心。是形出處於神。而為形之表。猶日月之光。外照萬物。而其神固在日月之內也。眼明則神清。眼昏則神濁。清則貴。濁則賤。清則寤多而寐少。濁則寤少而寐多。能推其寤者。可以知其貴賤也。夫夢之境界。蓋神遊於心。而其所遊之遠。亦不出五臟六腑之間。與夫耳目視聽之門也。其所遊之界。與所見之事。或相感而成。或遇事而至。亦吾身之所有也。夢中所見之事。乃吾身中。非出吾身之外也。白眼禪師說。夢有五境。一曰靈境。二曰寶境。三曰過去境。四曰見在境。五曰未來境。神躁夢生。神靜則境滅。夫望其形。或灑然而清。或朗然而明。或凝然而重。然由神發於內。而見於表也。神清而和澈。明而秀者。富貴之相也。昏而柔弱。濁而結者。貧薄之相也。實而靜者。其神安。虛而急者。其神躁。

【達摩相主神有七】

藏不晦（藏者。不露也。晦者。無神也）。安不愚（安者。不搖動也。愚者。不變通也）。發不露（發者。發揚也。露者。輕佻也）。清不枯（清者。神逼人也。枯者。神而死也）。和不弱（和者。可親也。弱者。可狎也）。怒不爭（怒者。正氣也。爭者。戾氣也）。剛不孤（剛者。可敬也。孤者。可惡也）。

詩曰　神居形內不可見。氣以養神為命根。氣壯血和則安固。
血枯氣散神光奔。英標清秀心神爽。氣血和調神不昏。
神之清濁為形表。能定貴賤最堪論。

【論形】

人稟陰陽之氣。肖天地之形。受五行之資。為萬物之靈者也。故頭象天。足象地。眼象日月。聲音象雷霆。血脈象江河。骨節象金石。鼻額象山嶽。毫髮象草木。天欲高遠。地欲方厚。日月欲光明。雷霆欲震響。江河欲潤。金石欲堅。山嶽欲峻。草木欲秀。此皆大概也。

古訣論神氣（二）

【論神有餘】

神之有餘者。眼光清瑩。顧盼不斜。眉秀而長。精神聳動。容色澄澈。舉止汪洋。恢然遠視。若秋日之照霜天。巍然近矚。似和風之動春花。臨事剛毅。如猛獸之步深山。出眾逍遙。似丹鳳而翔雲路。其坐也如界石不動。其臥也如棲鴉不搖。其行也。洋洋然如平水之流。其立也。昂昂然如孤峰之聳。言不妄發。性不妄躁。喜怒不動其心。榮辱不易其操。萬態紛錯於前而心常一。則可謂神有餘也。神有餘者。皆為上貴之人。凶災難入其身。天祿永其終矣。

【論神不足】

神不足者。似醉不醉。常如病酒。不愁似愁。常如憂戚。不睡似睡。纔睡便覺。不哭似哭。常如驚怖。不嗔似嗔。不喜似喜。不驚似驚。不癡似癡。不畏似畏。容止昏亂。色濁。似染癲癇。神色悽愴。常如有失。恍惚張惶。常如恐怖。言語瑟縮。似羞隱藏。貌色低摧。如遭凌辱。色初鮮而後暗。語初快而後訥。此皆神不足也。神不足者。多招牢獄之厄。官亦主失位矣。

【論氣】

夫石蘊玉而山輝。沙懷金而川媚。此至精之寶。見乎色而發於形也。夫形者質也。氣所以充乎質。質因氣而宏。神完則氣寬。神安則氣靜。得失不足以暴其氣。喜怒不足以驚其神。則於德為有容。於量為有度。乃重厚有福之人也。形猶材。有杞梓梗楠荊棘之異。神猶土。所以治材用其器。聲猶器。聽其聲。然後知其器之美惡。氣猶馬。馳之以道善惡之境。君子則善養其材。善御其德。又善治其器。善御其馬。小人反是。其氣寬可以容物。和可以接物。清可以表物。正可以理物。不寬則隘。不和則戾。不剛則懦。不清則濁。不正則偏。視其氣之淺深。察其色之躁靜。則君子小人辨矣。氣表而舒。和而不暴。為福壽之人。急促不均。暴然見乎色者。為下賤之人也。醫經以一呼一吸為一息。凡人一晝夜。計一萬三千五百息。今觀人之呼吸。疾徐不同。或急者十息。遲者尚未七八。而老肥者太疾。幼瘦者差遲。故恐古人之言。猶未盡理。夫氣呼吸。發乎顏表。而為吉凶之兆。其散如毛髮。其聚如黍米。望之有形。按之無迹。苟不精意以觀之。則禍福無憑也。氣出入無聲。耳不自察。或臥而不喘者。為之龜息氣象也。呼吸氣盈而身動。近死之兆也。孟子不顧萬鍾之祿。能養氣者也。爭可欲之利。悻悻然戾其色而暴其氣者。亦何以論哉。

詩曰 氣乃形之本。察之見賢愚。小人多急躁。君子則寬舒。暴戾災相及。深沉福有餘。誰知公輔量。虛受若重淵。

柳莊曰。從髮際至承漿左右。氣止一百二十五部。若言黑子。皆為助相。視其骨氣美者為妙也。

【形神】

相人之形。又當相神。神在眼。眼惡則傷和。恐招橫禍。神不欲露。露則魂游。游則必亡也。神貴則隱然望之有畏服之心。近則神喜就之則為貴。凡相寧可神有餘而形不足。不可形有餘而神不足也。神有餘者貴。形有餘者富。神不欲驚。驚則損壽。神不欲急。急則多懼。又當相人器識。寬宏則能容。而德乃大。識高則能曉。而心乃靈。器淺卑雖有餘資。則君子未免為小人也。

【精神】

一見精神瞻視速。坐來卻慢事如何。中年定有貧窮厄。破了田園事不多。初見精神慢不全。坐來致久色方鮮。初年雖則為貧士。老後榮名必定賢。

【神氣章】

神濁氣清神不見。神清氣濁氣無形。直須神氣俱清快。神氣元來忌太清。太清曰孤。太濁曰愚。孤而露則貧。濁而暗則賤。神愁自然偏多蹙。氣蹙由來懷不足。多憂卻是一生娛。遇喜須臾生悲哭。更看氣促人風韻。宜遠觀兮不宜近。無憂愁嘆或嗟吁。神不和兮命將盡。胸中洞徹神在眼。神在眼兮事何限。眼神穩靜必台輔。眼神端正司台諫。計足謀多神氣俊。暗暗奸斜神氣傾。要須神采與人交。一生得意無消散。君不見萍梗相逢古友義。從前傾蓋與識面。執手交歡與論文。每嘆相逢何太晚。奸淫之目神光鮮。人生須得神在眼。神在眼兮事何限。蛇目神居兩目尖。羊目神垂四方轉。牛眼神光不動搖。虎視眈眈威勢猛。神靈省睡多聰睿。將戾神昏足貧賤。斜視隨神自去來。淫亂幽居與深院。此論神居目與睛。要須傾復細叮嚀。相形先得神所止。決定言談有重輕。重輕在人不在目。以神寓目分遲速。寤則神游寐處心。心處於形安可卜。實因氣引血通流。通流血化精神流。神清定則心守宅。氣清息則守其魂。神與魂游魂守氣。生死存亡在斯義。壽安之人神遂悟。將死之人神已去。神寤方能守恥廉。神去不能認其故。經年面上無光色。舉動逐時人事改。改常蓋為神不靈。因疏骨肉身懈怠。神離言亂出口忘。神昏妄語臥方牀。神為鬼奪肉枯槁。神為人奪精荒唐。有精養血神氣見。精脫氣竭神俱亡。精神似得不衰耗。氣血欲得不損傷。神勞四肢不能久。神去觸事無威光。神與氣兮兩相守。神既病兮氣何久。神使機關主動搖。五行在氣相纏守。氣在丹田聲遠聞。氣短聲低如猴猻。氣結於肺鼻必滯。氣結於肝眼必翳。神氣憑君仔細看。賢愚莫出言談義。神不怒兮氣不住。氣住令人成病痼。氣假於血而成形。癭瘤癰節從此病。欲病之色與氣離。氣不青兮色玄合。氣玄三月憂病符。氣赤目前官事啞。得財聞喜復如何。準上天地漫如蠟。氣若浮雲色若天。色有正定本自然。金得白兮火必赤。黃黑青兮色如焉。惟有氣色無定處。朝吉祥兮暮憂苦。亦如雲霧在青天。曉則晴兮夜風雨。色自色兮氣則氣。勸君要取玄談義。神氣未容人易去。氣色聲玄由密秘。人生造物五行中。每與天地相流通。神流如夢如影響。目力觀兮如日象。夜夢火燔心必熱。腎虛涉水乘扁舟。始知神氣難尋論。指下分明亦闞寸。秘藏何須鞫細微。神氣一觀君試問。斷死言神與見機。憑神不必師玄遁。

【論骨肉】

古訣論骨肉

【論骨肉】

相人之身。以骨為主。以肉為佐。以骨為形。以肉為容。以骨為君。以肉為臣。然君不能制臣。反為之逆理。若形好容惡。至老不作。容好形惡。乍苦乍樂。假使形容俱好。若有紋痣黑子。亦為不佳。夫紋欲得深而正。黑子欲得大而明。凡相面見顴骨肉薄而開方者。主有權衡。若肉大骨藏。則無權衡。其人縱有官職。但常調而已。凡有相之人。或居貧賤。如鳳在地。不久必翔。無相之人。忽居富貴。如草非時而生。非地而出矣。必愈疾也。

【相骨】

骨節相金石。欲峻不欲橫。欲圓不欲粗。瘦者不欲骨露（肉不稱骨而骨露。乃多難有禍之人也）。肥者不欲露肉（肥滯之人。也不欲滿。或滿而盈者。乃是死人之相也）。骨與肉相稱。氣與血相應。骨寒而縮者。不貧則夭（謂背額而停偏。骨寒而肩聳。大凡物有不全。貧賤壽。富夭折。故曰不貧則夭）。日角之左。月角之右。有骨直起為金城骨。位至三公。印堂有骨。上至天庭。名天柱骨。後天庭貫頂。名伏犀骨。並位至三公。

面上有骨卓起。名為顴骨。主權勢。顴骨相連入耳。名王梁骨。主壽考。自臂至肘為龍骨。象君。欲長而大。自肘至腕名虎骨。象臣。欲短而細。骨欲峻而舒。圓而堅。直而應節。緊而不粗。皆堅實之象。顴骨入鬢。名驛馬骨。左目上曰日角骨。右目上曰月角骨。骨齊耳為將軍骨。兩溝外曰巨鰲骨。額中正兩邊為龍角骨。

詩曰 骨不聳兮且不露。又要圓清兼秀氣。骨為陽兮肉為陰。
陰不多兮陽不附。若得陰陽骨肉均。少年不貴終身富。

骨聳者夭。骨露者無立。骨軟弱者壽而不樂。骨橫者凶。骨輕者貧賤。骨俗者愚濁。骨寒者窮薄。骨圓者有福。骨孤者無親。又云。木骨瘦而青黑色。兩頭粗大。主多窮厄。水骨兩頭尖。富貴不可言。火骨兩頭粗。無德賤如奴。土骨大而皮粗厚。子多而又富。肉骨堅硬。壽而不樂。或有旋生頭角骨者。則享晚年福祿。或旋生頤頷者。則晚年至富也。

詩曰 貴人骨節細圓長。骨上無筋肉又香。君骨與臣相應輔。
不愁無位食天倉。骨粗豈得豐衣食。部位應無且莫求。
龍虎不須相剋陷。筋纏骨上賤堪憂。

【相肉】

肉所以生血而藏骨。其象猶土生萬物。而成萬物者也。豐不欲有餘。瘦不欲不足。有餘則陰勝於陽。不足則陽勝於陰。陰陽相勝。謂一偏之相（肉為陰。骨為陽。陰有餘神。則生血。陽有餘神。則生氣）。肉以堅而實。直而聳。肉不欲在骨之內。為陰不足。骨不欲生肉之外。為陽有餘也。故曰。人肥則氣短。馬肥則氣喘。是以肉不欲多。骨不欲少也。暴肥氣喘。速死之兆。肉不欲橫。橫則性剛而暴。肉不欲緩。緩則性懦而怕事。肥不欲亂紋露。露漏者。近死之兆。肉欲香而暖。色欲白而潤。皮欲細而滑。皆美質也。色昏而枯。皮黑而臭。疣多如塊。非令相也。若夫神不稱枝幹。筋不束骨。肉不居體。皮不包肉。速死之應也。

詩曰　貴人肉細滑如苔。紅白光凝富貴來。揣着如綿兼又暖。
一生終是少凶災。肉緊皮粗最不堪。急如繃鼓命難長。
黑多紅少須多滯。遍體生毛性急剛。欲識貴人公輔相。
芝蘭不帶自然香。

【身相形貌肌肉骨格皮毛總論】

夫人秉天地陰陽之氣而成形。配三才而備五行。列八卦以配九州。五嶽四瀆。七孔八竅。是以形成而不可變。體具而不可缺。大抵人身形貌肌肉。惟在充滿隆厚。清潤崇重。平正華秀。其骨節如金石。欲峻不欲橫。欲圓不欲粗。瘦者不欲露骨。肥者不欲露肉。其肉欲堅而實。直而潔。肉欲香而白。色欲明而潤。皮欲細而滑。毛欲秀而不多。藏而不露。凡相有清有濁。有厚有薄。有輕有重。有秀有媚。有粗有細。有瘦有肥。有急有緩。有取五行者。有像飛禽走獸者。有清奇古怪秀異嫩者。皆要取其精神聲音而辨別之。風鑑云。相形先得神所主。觀人從此分輕重。理不誣也。上相聽聲。中相察神。下相觀形。頭要圓。額要方。鼻要正。眉要彎。皮要滑。毛要秀。上要長。下要短。口如四字。唇似硃紅。面方若田。貝字背。豐字腰。腹若懸箕。背若伏龜。坐如松。立如弓。臥如龍。聲如鐘。行如風。食如虎。怒如鼓。此人中之至富而貴也。是故有肉不如有骨。有骨不如有氣。有氣不如有神。而神實為相之主也。凡相人之法。必須相神。神固在眼。而視聽言動。無往而不為神所注。只可神有餘而形不足。不可形有餘而神不足。故自極貴至極賤。其五臟六腑九竅八脈皆同。然其所以異者相也。身有七尺之魁偉。面無一尺之豐隆。有早年發跡者。有中年順適者。有晚歲困貧者。初主蹇滯者。末限亨通者。更有成而復敗者。興而又衰者。此皆出於面之三停。身之三停。形貌之輕重。精神之遲速。部位運限之豐隆缺陷而斷之。

訣曰。上長下短。富貴不斷。上短下長。走遍他鄉。面黑身白。田園廣得。身黑面白。賣盡田宅。面粗身細。一生富貴。面細身粗。貧苦而孤。身大頭小。壽命最少。三停隆直。富福難敵。形重骨剛。壽命延長。身小聲雄。位列三公。身大聲小。壽命折夭。形容似鬼。刑剋不已。容如哭形。家業不成。形容俊妍。終作高賢。體若凝脂。富貴惟宜。骨格清奇。文章之師。鶴骨龜形。樂道山林。骨如枯柴。其人可哀。面上無肉。莫與同宿。腳背無肉。財源不足。準頭無肉。貪婪不足。準頭垂肉。淫心不足。手背無肉。祖業不足。眼下無肉。子孫不足。背腰無肉。勞苦不足。嘴唇無肉。是非不足。頦頤無肉。晚年不足。臀股無肉。做事不足。手掌無肉。自創不足。兩腳無毛。不可與交。手上有毛。福祿滔滔。陰上無毛。淫濫無聊。陰上毛多。

織錦着羅。心上生毛。聰明必高。心上多毛。惡死悲號。

賦曰。面似磚兮身如水。口容拳兮臍納李。非列三台之身。必居九卿之位。骨格峻峭兮。耿介剛直無俗鄙。肌肉潤澤兮。和神正大為吉士。毛秀兮富豐。形醜兮貧苦。聲如洪鐘騰韻兮貴無比。坐似泰山安穩兮富而美。乃若兩目爛熳兮。須知滿腹經綸。兩眉軒昂兮。決然搢笏垂紳。額寬兮而頭大。定倜儻而懷珍。上長兮而下短。果超拔而見真。面黑身白兮。非富亦非貧。面粗身細兮。可憫亦可瞋。體有餘香兮。乃社稷之元臣。胸有奇痣兮。豈寰區之庸人。壬甲相稱兮。定瀟灑而出塵。身似枯柴兮。與樵豎而為鄰。

【論行、坐、臥、食】

古訣論動相（一）

【相行論】

夫行者。為進退之節。所以見貴賤之分也。人之善行。如舟之遇水。無所往而不利也。不善行者。如舟之失水。必有漂泊沒溺之患也。貴人之行。如水之流下。而體不搖。小人之行。如火炎上。身輕腳重。行不欲昂首。而腳不欲側。身不欲折。腳高則亢。太卑則曲。太急則暴。太緩則遲。周旋不失其節。進退各中其度者。至貴之相也。腳跟不至地者。貧而夭。發足如奔。散走他鄉。大抵腳不欲折。頭不欲低。發足欲急。進身欲直。起步欲闊。俯然而往。不礙滯者。貴相也。龍行虎步至貴。鵝行鴨步豪富。鶴行聰明。鼠行多疑慮。牛行巨富。蛇行性毒夭。雀行食不足。鵲行孤獨。龜行壽相。馬行辛苦。行如流水貴人。行步沉重榮貴。行步輕驟貧賤。行步趨越聰明。行步跳躍孤獨。行不低昂。富貴雙全。

詩曰　虎驟龍奔定貴榮。腰身端厚福來臨。累財積福家肥盛。
看取牛龜鵝鴨行。行如驟馬獲如猿。終日區區不可言。
步狹腰斜人最賤。趨蹌中度富田園。

【相行篇】

許負曰。凡相行須行十步。即喚回頭。須看左轉。必有官職。右轉無官職。又無衣食。行則龜行。必主聰明。行作鹿行馬行。必主辛苦。行不低昂。富貴之相。行步兩踵。相食早衰。又云。凡相行。須令立定。即喚之舉足行。若先舉左足者貴。先舉右足者賤。行步低頭者多思慮。行步自言自語者賤。行時一跬步而一俯一仰者。賤相也。

【相坐】

凡行則屬陽。坐則屬陰。陽主動。陰主靜。凝然不動者。坐之德也。搖膝動者。財散之人。反身轉首。入坐如狗。不端不正。貪薄之相。其貌不恭。其體不謹。謂之筋緩肉流。非壽相也。坐欲如山。行欲如水。體欲重。步欲舒。乃行坐之相法也。坐如釘石貴。坐如山據貴。坐常搖膝。木搖葉落。人搖財散。

詩曰　坐如釘石起浮雲。情厚情寬説與君。端重謹言多食祿。
須知榮貴四方聞。相人坐貌不須偏。擺膝搖身未是賢。
為事一身多妄語。必無珍寶住居邊。

【論臥】

臥者。休息之期也。欲得安然而靜。怡然不動。福壽之人也。如狗之蟠者上相。如龍之曲者貴人。睡而開口者短命。夢中咬牙者兵死。睡中開眼者惡死道路。睡中亂語。賤中奴僕。仰形如屍者。貧苦短命。臥中氣吼者。愚而易死。合面覆臥者餓死。就牀便睏者頑賤。愛側臥者吉壽。多輾轉者性亂。少睡者神清而貴。多睡者神濁而賤。臥易覺者聰敏。臥難醒者愚頑。喘息調勻者命長。出氣多而入氣少者。短命。氣出噓噓之聲者即死。若睡臥輕搖。未嘗安席者。下相也。

【相臥】

睡常龜息。氣出於耳主貴。睡輕易醒者聰明。睡如豶豬。氣相吼者貧。身如仰屍。氣粗如吼。睡不安席。輾轉搖動者。皆下相也。

詩曰 貴人臥起氣調勻。喘息恬然似不聞。連睡一宵君不覺。
手如攀物福神尊。臥似豬豬氣不和。貧窮乏食走奔波。
更於夢裏多狂語。每向人前妄語多。

【論食】

氣血資之以壯。性命繫之以存者。飲食也。飲食失節。則性暴不和矣。是故舉物欲徐而有序。嚼物欲寬而有容。下手欲緩。發口欲急。坐欲端莊。首欲平正。急而不暴。遲而不緩。應節者。相之貴也。含物不欲語。嚼物不欲怒。食急者易肥。食遲者易瘦。食少而肥者性寬。食多而瘦者心亂。食急性暴。食緩性和。仰首含物者寒賤。如食而啄者貧窮。斂口食者純和。哆口食者不義。食而齒出者。辛苦短命。食而淋落者。飢死路岐。食如鼠者餓夫。食如馬者貧賤。嚼似牛者福祿。食如羊者尊榮。食如虎者。將帥之權。食如猴者。使相之位。嚼在舌頭。一生寒苦。邊食還顏。終身窮餓。食欲快而不欲留。欲詳而不欲暴。啜不欲聲。吞不欲鳴。

詩曰　虎食狼餐貴不同。逡巡不覺一盤空。端詳遲緩宜相應。
牛嚼羊吞福自豐。鳥啄豬餐最賤庸。相他衣祿必無終。
咽粗急者人多躁。鼠食從來飲食空。
相食看詳緩。慌忙豈合宜。更嫌如鳥啄。又忌食淋漓。
性暴吞須急。心寬下筋遲。問君榮貴處。牛哺福相隨。

古訣論動相（二）

【行相捷徑】

人之行也。如水之流。如雲之浮。飄飄然不凝不滯。無往不利。善行者猶舟之遇水。重載其物。不善行者。猶舟之輕飄。反有漂泊沒覆之患也。貴人之行。如水趨下而體厚重。小人之行。如火炎上。身輕而腳重也。夫行者進退之節。所以見貴賤之分。周旋不失其節。進退不失其度者。則行美矣。大抵腳不欲重。額不欲低。身不欲折。手不欲搖。發足欲急。進身欲直。起步欲寬。俯然而往。不凝滯者貴人也。龍行虎步者。至貴。鵝行鴨步者至富。牛行者巨富。象行者保壽。蛇行者性毒。雀躍者辛苦。馬奔者勞碌。行步沉重者榮貴。行步趨拽者聰明。行步挺直者富貴。腳跟不落地者敗業。行路低頭者心惡。

訣曰。虎步龍行。位列公卿。行步重厚。光前裕後。行若挺直。富貴無極。行如流水。富貴無已。行如巨舟。富貴悠悠。行步搖頭。處事陰謀。鵝步鴨行。食富令名。行不動塵。富貴中人。雀步蛇行。毒害無情。行如奔馬。定是貧者。行步緩重。富不須問。行動身斜。破產離家。

賦曰。行為進退周旋兮。關係人之休囚。步有輕重節度兮。可定人之營謀。何知貴極兮如龍游。何知富豪兮如巨舟。何知名望兮。行似雲浮。何知奸貪兮。步每低頭。何知富且貴兮。步平如水流。何以貧且賤兮。步欹與貌愁。蛇行兮縱受恩而反讎。雀躍兮不可與之侶儔。

【行相詩 五首】

虎步龍行貴仰欽。鵝行鴨步滿珠金。真形不謬科名早。雅化堂中樂鼓琴。
行來持重最威嚴。器量融融福自謙。發跡鵬摶終遠大。當朝佐治萬民瞻。
頭先過步總尋常。白手難興紹祖光。鬧熱繁華經手眼。老來蕭索只因狂。
蛇行雀躍實堪憐。莫問功名莫問錢。不羨今朝模樣大。且看他日受熬煎。
行步欹斜勢覆舟。逢人告苦就低頭。將來下落憑何去。井巷溪邊結侶儔。
行重如舟。超群邁眾之士。步開似虎。出類拔萃之才。
足食豐衣。皆因鵝行鴨步。光前裕後。已見龍游虎奔。
馬奔而來。決然貧漢。雀躍而至。定是乞人。

【坐相捷徑】

夫人行則屬陽。坐則屬陰。陽主動而陰主靜。理之常也。凝然而不動者。坐之德也。搖膝而動者。財散之人也。久坐如狗。不端不正者。貧薄之人也。其坐不恭。其體不謹。乃不令之相也。夫貴人之相。立如馬。坐如山。食如虎。臥如龍。久立而挺。久坐而直者。富貴壽考之人也。凡坐如山之穩。寂然不動。心廣體胖。如坐山之穩。又曰。坐如磉石。起似浮雲。大貴相也。夫坐欲如山。行欲如水。體欲重。步欲輕。坐如釘石者貴。坐如山據者貴。行坐不正者歪人也。坐每搖膝者不住財。經云。樹搖葉落。人搖財散。此之謂也。搖股擢腰。坐而頻移者。劣相也。

訣曰。坐如虎踞。富貴當時。坐每低頭。其心如猴。坐若如山。到老清閒。起若浮雲。富貴身榮。坐視端莊。事事榮昌。坐若歪斜。流蕩破家。坐立無神。壽促之人。

賦曰。坐似泰岱兮。乃特世之英賢。起若浮雲兮。乃當時之衡權。或如虎踞兮。富貴可全。或如犬坐兮。姓氏安傳。坐視平穩兮。能裕後而光前。起坐欹側兮。必夭乏而招愆。

【坐相詩 五首】

坐若泰山起若雲。良臣定是建奇勳。氣度瑚璉非凡品。滿腹經綸自冠群。

盤旋虎踞是豪雄。也有猖狂相不同。神氣最宜分美惡。蛟龍豈混虺蛇中。

坐見精神壽必長。身腰挺直富而康。有官定是公侯器。無位一生主吉祥。

一坐就歪懶似蛇。腰身過穴實堪嗟。此人壽促無須問。枉費經營怎克家。

搖身擺膝坐傾欹。便是人間沒福兒。縱得眼前光景好。終當運否落魄期。

坐如泰山之安。家藏萬寶。起若浮雲之快。身列廟廊。

【食相捷徑】

訣曰。馬食鼠餐。貧苦艱難。嚼在舌頭。餓死他州。啖食淋漓。餓死路歧。邊食邊落。終身窮餓。咀嚼如豬。福豈有餘。含食而言。福豈能全。

賦曰。飲食兮饔飧繼。相品兮美惡繫。嚼物寬而有容兮。富貴顯而多惠。食和少語兮。聽俊高而登第。如牛啖兮。增福祉而身無困滯。似虎食兮。進爵祿而心藏經濟。若夫庸流俗士兮。啜聞聲而吞嗚。卑污貧賤兮。食淋落而急迎。馬食兮勞苦。鼠食兮無情。仰首急食兮難免歪行。含食好語兮。迍否無成。

【食相詩 五首】

虎食狼餐衣錦榮。寬宏有節豈無情。食多豪爽人聰慧。慷慨揮金主大名。

牛嚼之形性最寬。精神重厚見奇觀。仁耕義耨何須貴。為政於家即是官。

猴餐鼠食極奸貪。險惡心腸不可親。此類綦繁庸碌輩。最宜參考在精神。

吞物而嗚食有聲。何須碌碌利名榮。奸貪雖大財難聚。怎奈相中沒好程。

食物淋多心最勞。此身安得有高操。勞勞一世無多用。黑髮空忙到白毫。

啖如虎餐。爵祿疊至。嚼似牛食。福祉頻添。

啖食如豬。室同懸罄之狀。嚼物似鼠。家徒四壁之嗟。

【臥相捷徑】

夫臥者。晦弦之候。休息之期也。欲得安然而靜。恬然不動者。福壽之人也。如狗之蟠者壽相。如龍之曲者貴相。少睡易醒者。貴人也。睡中自言自語。口不合。出氣如馬噴槽者下賤。常睡龜息而氣出於耳者。主壽相也。睡如豬吼氣者主貧。睡開口者短壽。夢中咬牙者外死。睡中開眼者惡死道路。睡中譫語者賤。仰形如屍者。貧苦短命。臥中氣吼出者愚而夭。覆臥者餓死。就牀便睡者。賤而頑劣。臥多輾轉者性亂。少睡者神清而貴。多睡者神濁而賤。臥易覺聰敏。臥難醒愚頑。喘息不聞者高壽。喘息調均者命長。出氣多而入氣少者短命。氣少噓噓之聲即死。睡不安席。輾轉搖動者。皆下相也。如一驚便覺。一醒就清者。聰明俊秀人也。如龍之蟠。如虎之踞。身動而息不聞。乃龜息也。喘息綿綿而緩者。富而壽也。

訣曰。睡如龜息。定登仙籍。易睡易覺。聰明好學。好睡難醒。愚頑無成。仰形如屍。貧乏壽稀。喘息不聞。延壽之人。睡不安枕。心神有損。睡中亂語。心雜無已。

賦曰。臥乃休息之期兮。法天地之運旋。明而有晦兮。體大道之自然。龜息兮可遇道而證神仙。少睡兮得異術而受真詮。或如龍蟠虎踞。犬曲鴉棲兮。乃具靈根夙植而神全。或屍直咬牙。與不安枕兮。必多愁煩困苦。顛沛而流離。

【臥相詩 五首】

貴人眠臥氣氤氳。喘息恬然絕不聞。靜宿一宵君未覺。手如攀物帶餘欣。

氣息調勻睡更濃。形同曲犬與蟠龍。一生安穩多如願。壽算悠悠福履重。

臥如屍直氣吹噓。開口無神喘似豬。子息艱難年壽促。奔勞一世沒錢餘。

到牀寤寢不安神。這是勞心苦慮人。少壯急宜滋藥餌。老年枉用十全真。

睡神恬靜手如攀。龜息綿綿不等閒。未得神仙為伴侶。自當超越入朝班。

凡人睡臥。如龍之蟠者貴。如犬之曲者壽。氣聳出者。謂之龜息。主貴而壽。且能入道成仙。

臥若恬靜。息不聞聲。神和色安。其人一生快樂。壽算綿綿。

覆身而臥。其曲如蝦。兩眼不合。呼氣如吹。其人懈怠糊塗。乃貧夭下賤之相。

【論心】

人心不同，各如其面，心善相善，心惡相惡，如影隨形，半點不假，且心出為眼，以眼觀心，必無異果。眼惡者，情多薄；眼神柔和，個性寬容；柔和而帶閃爍者為偽善，其人必有所圖；內心多鬱結，眼神必帶憂鬱；快樂者，眼帶笑；滿足現狀者，眼神藏而不露；拼搏者眼露神光。心為相之主宰，如想改相，先要改心，否則必然徒勞，而修身積德是改善心田的第一步。

善人有善報，惡人有惡報，雖然是老生常談，但這是有道理的，一生種甚麼因，自然結甚麼果，現不談天災人禍，只談父母、兄弟、妻兒、子女。如像有些子女對父母很不好，但父母有否想過當初是如何教導子女的呢？兄弟不睦，於是問父母有否教導兄弟姊妹間要互相扶持呢？其他夫妻、朋友亦如是。故想改善果，最好還是先從因入手。

古訣論心（一）

【麻衣相心】

有心無相。相逐心生。有相無心。相隨心滅。斯言雖簡。實人倫綱領之妙。心又為五臟之主。宅神形體內。不可得而見過。其可見者。心之外表也。是知心乃神之宮室。玉戶金闕。智慮之所居。心欲寬平博厚。不欲坑陷窄狹。寬博者智。慮深。窄狹者愚。智淺。心頭生毛。其性剛豪。心頭骨凹。其性貪酷。

訣曰。心為身主。五宮之先。神為合止。智慮之元。寬博平厚。榮祿高遷。坑陷偏側。貧弱夭年。善則福至。惡則禍纏。心宜坦然。先觀動靜。次見心田。運智藏神。一體之先。相者但能觀外表。內者誰能識得全。

寬平榮貴。狹隘無錢。不言不語心機重。發語無私梗直人。最怕笑來嗔怒者。口唇尖薄語非真。

【三十六善養心要訣】

又曰。身凸心須慄。心寬氣必和。深沉言語少。終是福來多。心思立功名。此心有剛柔。慕善近君子。有美食分人。不評近小人。行陰德方便。能治家有法。不厭人乞覓。常利人克己。不逐惡貪殺。聞事而不驚。與人不失信。不易行改換。夜臥不便睡着。馬上不回顧。見人不憎怒。不文過飾非。作事務周匝。受人恩不忘。度量不褊窄。不毀善害惡。能濟人之急。不助強欺弱。常不忘故舊。為事眾人同。不多言妄語。得人物知感。言語有次序。語次不先起。常務行善事。不嫌惡衣食。能方圓隨時。行善常不倦。能知人勞苦。不念人舊惡。能竭心救難。

詩曰　人倫何處定枯榮。先相心田後相形。
心發善端諸福集。時藏毒害禍須生。

【相善】

善惡在心而見於貌。為心之表也。表端則心正。表欹則心曲。故曰。觀其表。則知其裏矣。

訣曰。頭聳而堅。額方而廣。眉疏而秀。眼長而清。耳輪平厚。鼻樑聳直。心廣而寬。背隆而厚。人中分明。口唇端正。氣和而順。聲圓而寬。形正而峻。色明而澤。言語有序。飲食有節。進退有儀。行坐有度。貴人之相。而心之善行矣。

詩曰　雞鳴而起果何如。一念孜孜善有餘。
相取外形知內裏。莫將相法藐江湖。

【相德】

能忠於君。孝於親。為眾德之先。眾行之表。不得陽賞。必為陰報。不在其身。而在其子孫。善相者。先察其德。後相其形。故德靈而形惡。無妨為君子。形善而行凶。難掩為小人。荀子曰。相面不如相心。論心不如擇術。此勸人為善也。形者。人之材也。德者。人之器也。材既美矣。而副之以德。猶加雕琢而成器也。器遇拙工而棄之。是為不材之材也。是知德在形先。形居德後也。郭林宗觀人有九德。一曰容物之德。二曰樂善之德。三曰好施之德。四曰進人之德。五曰保常之德。六曰不忘之德。七曰勤身之德。八曰愛物之德。九曰自謙之德。

詩曰　幾輩堂堂相貌精。幾人相貌太輕盈。
要知說相無他技。先相修持後相形。

古訣論心（二）

【陳希夷先生心相編】

心者。貌之根。審心而善惡自見。行者。心之表。觀行而禍福可知。心性不公平。難得兒孫長育。言語多反覆。應知詭譎旋生。垂首低言。必是姦貪之輩。披肝露膽。決為英傑之人。心和氣平。可卜孫榮兼子貴。才偏性執。不遭大禍必奇窮。轉眼無情。兒孫累重。時談念舊。富貴期頤。重富欺貴。焉可託妻寄子。敬老慈幼。必能裕後光前。輕口出違言。壽元短折。忘恩思小怨。科第難成。小富小貴易盈。前程有限。大富大貴不動。獲福無疆。欺蔽陰私。縱有榮華享不久。公平正直。雖無子媳死為神。開口説輕生。臨大節決然規避。逢人稱知己。即深交究竟平常。處大事不辭勞怨。堪為棟樑之材。遇小故輒避嫌疑。豈是心腹之寄。乖戾難堪。因訟喪身還害子。待人處地。無論福祿更延年。迷花戀酒。閨中妻妾參商。利己損人。膝下兒孫悖逆。賤買田園。決生敗子。尊崇師傅。定產賢郎。愚魯人説話尖酸刻薄。既貧窮必損壽元。聰明子語言木訥優容。亨安康且膺封誥。患難中能守者。若讀書可作朝廷柱石之臣。安樂中若忘者。縱低才豈非金榜青雲之客。鄙吝勤勞。亦有大富小康之別。宜觀其量。奢侈靡麗。豈無奇人浪子之分。必視其才。弗以見小為守成。惹禍破家難免。莫認惜福為慳吝。輕財仗義儘多。處大事而不急。偉器晚成。能見機而擴充。高才早發。多才吝教。己無成人亦無成。見過隱規。身可託家亦可託。知足與自滿不同。一則矜而受災。一則謙而獲福。大才與庸才自別。一則誕而多敗。一則實而有成。忮求念勝。圖名利到底遜人。惻隱心多。遇艱難中途獲救。不分德怨。料難至乎遐年。較量錙銖。豈足期乎大受。過剛者圖謀易就。災傷豈保全無。太柔者作事難成。平福亦能安受。樂處生愁。一生辛苦。怒時反笑。至老奸邪。好矜己善。弗再望乎功名。樂摘人非。最足傷乎性命。責人重而責己輕。弗與同謀共事。功歸人而過歸己。儘堪救患扶災。處家孝悌無虧。簪纓奕世。與世吉凶同患。血食千年。曲意周全知德厚。任情激搏必豺心。易變臉。薄福之人奚較。耐久朋。能容之士可宗。好與人爭。滋培淺而前程有限。必求自反。蓄積厚而屈事能伸。少年飛揚浮動。顏子之限難過。壯歲冒昧昏迷。不惑之期怎免。喜怒不擇輕重。一事無成。笑罵不審是非。知交斷絕。濟急拯危。亦有時乎貧乏。天將福矣。解紛排難。恐亦涉乎囹圄。神必佑之。凍餓休怨根基。造惡所致。瘟亡不由運數。獲罪於天。甘受人欺。有子自然大發。常思退步。一身終得安閒。得失不驚其神。非貴亦須大富。壽更可知。喜怒不形於色。成名還立大功。奸亦必有。無事失措倉皇。卑躬狹隘。有難居然安穩。膽識寬宏。處物存心。終身允吉。累仁積德。數世其昌。人事可憑。天道不爽。如何餐刀飲劍。君子剛愎自用。小人行險僥倖。如何投河自縊。男人才短蹈危。女子氣盛見逼。如何短折亡身。出薄言。做薄事。存薄心。種種皆薄。如何凶災惡死。多陰毒。積陰私。有陰行。事事皆陰。如何暴疾而歿。縱慾奢情。如何毒瘡而終。肥甘凝膩。如何老後無嗣。性情孤僻。如何盛年喪子。心地欺瞞。如何多遭火盜。刻薄為懷。如何時犯官符。強樑作膽。何知端揆首輔。常懷濟物之心。何知拜相封侯。獨挾蓋世之氣。何知玉堂金馬。動容清麗。何知建牙擁節。氣概凌霄。何知丞簿下吏。量平膽薄。何知明經教職。志近行拘。何知苗而不秀。非惟愚蠢更荒唐。何知秀而不實。蓋謂自賢兼短行。若論婦人。先須靜默。後來淑女。不貴才能。有威嚴當膺一品之封。少修飾能掌萬金之重。多言好勝。若然有嗣必傷身。盡孝兼慈。不特助夫還旺子。貧苦中毫無怨詈。兩國褒封。富貴時常惜衣糧。滿堂榮慶。奴婢成群。定是寬宏待下。資財盈篋。決然勤儉持家。悍婦多因性妬。老後無歸。奚婆定是情乖。少年浪走。為甚欺夫。顯然淫行。緣何無子。暗裏傷人。合觀前論。歷試無差。勉教後來。猶期善變。信乎骨格步位。相輔而行。允矣血氣精神。由之而顯。知其善而守之。錦上添花。知其惡而弗為。禍轉為福。

【抱朴子行品章 節錄】

抱朴子曰。擬玄黃之覆載。揚明並以表微。文彪昺而備體。獨澄見以入神者。聖人也。稟高亮之純粹。抗峻標以邈俗。虛靈機以如愚。不二過以謟黷者。賢人也。居寂寞之無為。蹈修直而執平者。道人也。盡烝嘗於存亡。保髮膚以揚名者。孝人也。垂惻隱於有生。恆恕己以接物者。仁人也。端身命以殉國。經險難而一節者。忠人也。覩微理於難覺。料倚伏於將來者。明人也。量理亂以卷舒。審去就以保身者。智人也。順通塞而一情。任性命而不滯者。達人也。不枉尺以直尋。不降辱以苟命者。

雅人也。據體度以動靜。每清詳而無悔者。重人也。體冰霜之粹素。不染於勢利者。清人也。篤始終於寒暑。雖存亡而不猜者。義人也。守一言於久要。歷歲衰而不渝者。信人也。摛銳藻以立言。辭炳蔚而清允者。文人也。奮果毅之壯烈。騁干戈以靖難者。武人也。甄墳索之淵奧。該前言以窮理者。儒人也。銳乃心於精義。吝寸陰以進德者。益人也。識多藏之厚亡。臨祿利而如遺者。廉人也。不苟操於得失。不傾志於可欲者。貞人也。恤急難而忘勞。以憂人為己任者。篤人也。潔皎分以守終。不遜避而苟免者。節人也。飛清機之英麗。言約暢而判滯者。辯人也。每居卑而推功。雖處泰而滋恭者。謙人也。崇敦睦於九族。必居平以赴理者。順人也。臨凝結而能斷。操繩墨而無私者。幹人也。拔朱紫於中搆。剖猶豫以允當者。理人也。步七曜之盈縮。推興亡之道軌者。術人也。赴白刃而忘生。格兕虎於林谷者。勇人也。整威容以肅眾。仗法度而無貳者。嚴人也。創機巧以濟用。總音數而並精者。藝人也。凌強禦而無憚。雖險逼而不沮者。黠人也。執匪懈於夙夜。忘勞瘁於深峻者。勤人也。蒙謗讟而晏如。不慴懼於可畏者。勁人也。聞榮譽而不歡。遭憂難而不變者。審人也。

【心性詩 五首】

性海翻波孽浪高。陷人無底水滔滔。孤舟穩坐飄然去。一點赤心把舵牢。

紛紛塵垢掩靈台。笑看世人掃不開。喚得東風吹去也。癡腸莫惹入簾來。

形成佳果結枝頭。仁核氣充造化周。果若壞時仁已壞。心如仁核最宜修。

一片靈虛不昧機。卻為嗜慾自支離。世人莫解生勞苦。歲歲消磨漸漸虧。

明珠一顆在泥丸。要見秋毫也不難。活潑天機無盡處。權衡造化太虛寬。

#【小人形相法】

小人形相法，將人的四肢以及生殖器官，與面相部位結合，從而透過面相來了解身體的情況。例如左眉看左手、右眉看右手；左法令看左腳，右法令看右腳，詳見下頁圖解。

男形

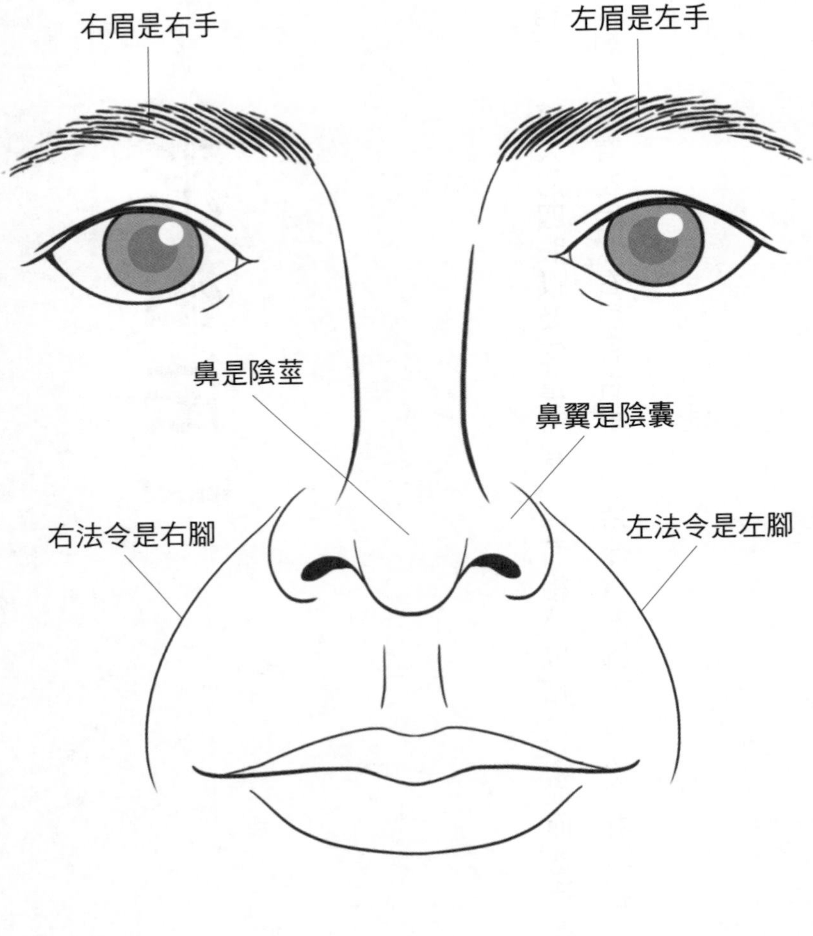
右眉是右手
左眉是左手
鼻是陰莖
鼻翼是陰囊
右法令是右腳
左法令是左腳

女形

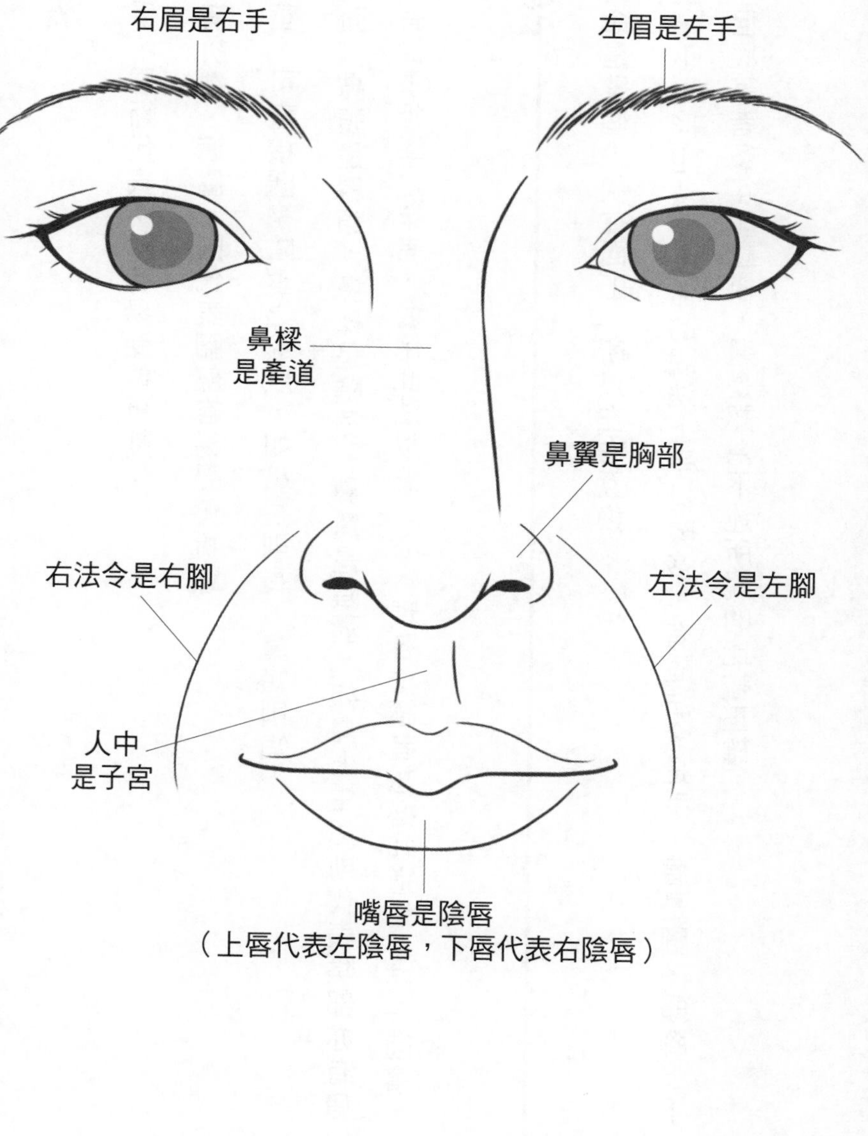
右眉是右手
左眉是左手
鼻樑
是產道
鼻翼是胸部
右法令是右腳
左法令是左腳
人中
是子宮
嘴唇是陰唇
（上唇代表左陰唇，下唇代表右陰唇）

男形用法

眉代表手，眉斷代表手部容易受傷折斷。

法令如有折斷、痣瘰，則代表腳部容易受傷折斷。

鼻為陰莖，可直接觀察陰莖之形狀，如鼻長則長，鼻短則短。

痣瘰方面，鼻頭是龜頭，鼻樑是陰莖，鼻翼是陰囊，如鼻上生痣則代表陰部亦有痣相應。每每有從事相學之業者，愛用此法以惑人心。現各位讀者想必知道是甚麼一回事。

女形用法

有說女命是整個人伏在面上，所以左右互換。

事實上，小人形相法在女命的說法上爭拗較多，有說法令是手，眉是腳，頭腳上下是調轉的。但經筆者多年印證後，還是認為下述所說的比較正確。

左眉代表左手，如左眉折斷就代表左手易折斷受傷；右眉代表右手，如右眉缺斷，則右手容易受傷脫臼或骨折。

左法令有痣瘜或折斷代表左腳容易折斷受傷，而右法令則代表右腳。如法令有長短，則短的一方其力不足，每有傾跌之象。

女性以人中代表子宮，所以在〈人中篇〉說人中深闊代表生產順利，易得子女（見《相學全集》三第82頁）。蓋人中深闊則子宮健康，如人中屈曲，則難於受孕，這是子宮部位不佳之故。

嘴唇代表陰唇，上唇是左陰唇，下唇是右陰唇，所以相唇的時候有唇厚熱情、唇薄冷感之說。又嘴唇有痣代表陰部有痣，上唇左面，下唇右面。

又女性鼻樑代表產道，鼻樑平闊者生產容易且子多，惟其人婚姻不佳，否則為繼室命，唯有結異地姻緣，或嫁給曾結婚或年紀比自己大十年以上或同年以下之男性，才較有可能享夫福。如鼻樑高而闊則無生產問題，最忌者尖削或有紋痣缺陷，代表生產每遇困難。但現代醫學昌明，可剖腹產子，避過此劫。

【論奇相】

古訣論奇相

【相五長】

一頭長。二面長。三身長。四手長。五足長。五者俱長。而骨貌豐隆。清秀滋潤者。善也。如骨枯槁。筋脈迸露。雖是五長。反為賤惡之輩也。或有足長手短者。主貧賤。足短手長者。主富貴。

詩曰 五長之人骨貌粗。只憂筋脈出皮膚。
又嫌枯槁無滋潤。衣食看來不似初。
腳長手短人多賤。賣盡田園走四方。
手足俱長榮盛相。莫教腳側手空長。

訣曰。大凡五體要均長。合形入相富文章。下停長者人多賤。又恐終身絕雁行。

【相五短】

五短之形。一頭短。二面短。三身短。四手短。五足短。五者俱短。而骨肉細滑。印堂明闊。五嶽朝揖者。乃為公卿之相也。雖是五短。而骨肉粗惡。五嶽傾陷。則為下賤之人。或上長下短。則多富貴。上短下長。主居貧下也。

詩曰 五短之人形要小。更須骨細印堂豐。笏門五嶽相朝拱。
食祿封侯有始終。眉圓眼大額如熊。腳短身長上下同。
五短氣全為證候。自然官祿至三公。

【相五合】

骨正直而有陰陽。言正直而有剛柔。是為天地相合也。視瞻穩而聲音清。體貌重而行步輕。是為天官相合也。氣溫粹而有光華。色潔淨而無瑕疵。是為天心相合也。識量多而權亦重。度量大而面可訣。是為天機相合也。敬上下而懷忠厚。愛朋友而足信行。是為天倫相合也。解曰。應多合少。官崇聲譽。合多應少。名重官侯。應合相。

【相五露】

眼凸。鼻仰。耳反。唇掀。結喉。是也。眼凸促壽。耳反無知識。鼻仰主路死。

唇掀惡死。結喉必貧薄。

訣曰。一露二露。有衫無褲。露不至五。貧夭孤苦。五露俱全。福祿綿綿。

詩曰 五露俱全福自來。二露三露反為災。胸門臀高為外露。
平生此相有何財。若遇三尖五露人。但言此相便埃塵。
有時驛馬臨邊地。也作加官食祿人。

【相五小】

五小之形。一頭小。二眼小。三腹小。四耳小。五口小。五小者。若端正無缺陷而俱小者。乃合貴之相也。其或三四小而一二大者。則不應而貧賤也。若夫頭小而有角。眼小而清秀。腹小而圓垂。耳小而輪廓成。口小而唇齒正。則反為貴人矣。

【相六大】

頭面耳鼻口腹六者反常。而不得其正也。

訣曰。頭雖大。額無角。目雖大。閃電爍。鼻雖大。樑柱弱。口雖大。語略綽。耳雖大。無輪廓。腹雖大。近上着。皆貧賤之相也。蓋頭雖大。角要聳。目雖大。不正流光。耳大輪廓要正。鼻大樑柱要高。口大聲要清。肚腹大勢要下垂。如此。則是富貴之相也（引許負篇）。

詩曰　六大相停相貌高。平生富貴作英豪。
　　若教偏側為貧賤。不缺衣糧有苦勞。

【相六小極】

頭小。額小。目小。鼻小。口小。耳小。是也。

訣曰。頭小為一極。夫妻不得力。額小為二極。父母少恩恤。目小為三極。平生少知識。鼻小為四極。農作無休息。口小為五極。身無剩衣食。耳小為六極。壽命促朝夕。有一如此。皆非富貴之相也(引許負篇)。

詩曰 六極元來相最佳。前賢斷法更無差。
勿令不足須全備。衣食平生壽逾遐。

【相六惡】

六惡者。一曰平眼直視。主性不仁。內藏毒害。二曰唇不掩齒。主性不和。難與交接。三曰結喉。主妨妻子。多招災厄。四曰頭小。主貧下而夭。五曰三停不等。主賤而貧。六曰安行如走。主奔波寒苦。有此六惡。不可與之同處矣。

【相六賤】

六賤者。額角缺陷。天中低下為一賤。胸背俱薄為二賤。聲音雄散為三賤。偷目斜視為四賤。鼻曲低塌為五賤。目無光采為六賤。主為僕隸也。

【相六小貴】

訣曰。額小且方平。眼小要精粹。鼻小樑柱平。耳小朝太陰。肚小垂下生。口小紅更青。腰小要圓成。身小三停勻。皆主富壽之相也。

詩曰 額眼方平要精粹。鼻平耳小君須記。
身圓腰小相惟嘉。肚小元來貴垂下。

【相貴中賤】

額雖廣。尖卻頤。骨雖峻。皮卻粗。耳雖厚。鼻樑低。眼雖長。皺破眉。行雖正。聲若嘶。背雖厚。手如枝。(謂相如木枝。)舌雖紅。口如吹。唇雖方。齒不齊。氣雖清。行步欹。腰雖厚。行如馳。(似駝馬奔。)語雖和。神似癡。色雖明。視東西。臥似靜。食淋漓。頭雖長。腰折枝。(以上數相者。皆係所生之不齊。或富則夭。或貧則壽。或貴則貧。先富後貧。皆據理而推也。)

詩曰　眼睛黑白甚分明。性若風強渾俗情。
言語似鐘神有異。便知塵內有先生。

【相八大】

八大者。眼雖大。昏且濁。鼻雖大。樑柱弱。口雖大。垂兩角。耳雖大。門孔薄。額雖大。骨無着。聲雖大。破且悲。面雖大。塵且翳。身雖大。舉止危。以上八大。苟有如此。缺一不應。則反主貧賤也。

【相八小】

八小者。眼雖小。秀且長。鼻雖小。樑且柱。口雖小。稜且方。耳雖小。堅且圓。額雖小。平且正。聲雖小。宮且商。面雖小。清且朝。身雖小。停且齊。以上八小。苟有如此。端美相並。反為富貴之人也。

【辨美惡二十種】

頭雖圓。折腰肢。額雖廣。尖卻頤。骨雖峻。皮卻粗。耳雖厚。樑柱低。髮雖黑。粗且濃。眼雖長。眉且促。背雖豐。手如枝。胸雖闊。背成坑。舌雖紅。口如吹。唇雖方。齒不齊。腰雖厚。行如馳。腳雖厚。粗無紋。身雖大。聲音細。面雖白。色粗黑。肉雖豐。結卻喉。面雖短。眼卻長。氣雖清。行步攲。語雖和。人似癡。色雖明。視東西。坐雖正。食淋漓。以上二十種。皆有美惡相雜。若此相者。或富則夭。或貧則壽。或貴則貧。或先富而後貧。或先貴而後賤。宜精思而裁之也。

【體論章】

試聽聲氣最為先。體論目前分貴賤。舉動堂堂出眾儀。吐珠出語超群彥。行之若流坐如擲。動似浮雲靜如石。動靜之中體用殊。更看作事操胸臆。鴨步鵝行主富榮。鶴形龜息壽彌高。結喉露齒多貧賤。騾嘴豬唇身心勞。身如鼉皮必下愚。面若塵灰多乞化。鼻露竅兮主無安。鼻露齙兮文學失。荀卿非相殊可師。徒見文兮不見斷。相形不論心所為。慢恃形容寧富貴。仁存心兮處義身。何必清眸與高鼻。屈原鼻斷竅。莊周唇露齒。原豈虛誕妄。周豈文學鄙。目下分明有臥蠶。隱隱侵年陰騭氣。耳內生毫忽夭亡。鵝行鴨步忽零替。目下如有痣。終歲常垂淚。口低二角垂。乞食於街市。憑君目。看神氣。人道更將人事比。內狠之人言語默。內熱之人言語利。善人簡略言辭間。舉止謙恭不自滿。以仁擇其心。以義斷其人。敬老慈幼憐寒賤。遇物常懷不忍看。積毀可消骨。積德可忘怨。每在人事不在遠。天理之為君試看。相與神氣扶。更在常為善。一如成金人。始因逢百鍊。

【器氣章】

五行秀氣生英特。體貌堂堂佐明國。其器猶如百斛舟。引之搖動不可得。頭圓像天足像地。血脈江河與同類。草木既與毛髮俱。聲像雷霆分巨細。骨肉須相副。皮膚須潤膩。步驟輕快怕偏側。又要骨重兼軟美。五長之人。隔江聲可聞。五短之人。要堅實。眼不欲滿。長眉目分（形象相刑相剋）存斯勻。五短推排細尋趁。其言人定形。形以剛柔應。五位皆有相剋勝。氣在五相最為定。不用他觀與我求。識取休囚旺相神。且如木型生修長。短短肩縮幼年亡。忽然乍肥與乍白。定知客死在他鄉。金型方兮水圓秀。骨肉敦宏土重厚。木型氣青官鬼臨。水型金型同納音。金盈赤兮主憂滯。金得青兮多稱意。要識人生俱五行。乍勝乍舉同斯文。

詩曰　男兒不欲帶女色。女人不欲帶男形。陰反於陽夭必死。
老帶嫩色壽年傾。丈夫女子兩般詳。女要柔兮男要剛。
女子屬陰本要靜。不言先笑亦非良。良婦有威而無媚。
娼婦有媚而無威。令人一見便生侮。是以生身落賤微。

第六章

何知歌訣

何知歌訣（一）

【何知歌】

何知君子多災迍。春夏額上常昏昏。何知君子百事昌。準頭印上有黃光。何知人家漸漸榮。顴如朱色眼如星。何知人家漸漸貧。面如水洗耳生塵。何知白衣換綠袍。天倉豐滿福堂高。何知為官不食祿。坐時伸起頸頭縮。何知人家不生兒。三陽暗發如黑煤。何知人家怪常來。朦朦黑色繞唇腮。何知兄弟成雙吉。山根高聳眉如一。何知兄弟成雙囚。山根斷折眉不豐。何知人家鬼打屋。天庭數點黑如粟。何知其人不及第。眼中赤脈如絲曳。何知人主早發解。福堂豐滿精神快。何知人家頻換妻。眉頭帶殺下位欹。何知人家妻妾淫。奸門暗黑眉如金。何知人生不聚財。但看法令破蘭台。何知人家被火傷。眉頭數點赤換長。何知人家弟殺兄。山根常黑不分明。何知人家常被賊。但看雙嶽如煙黑。何知生女不生兒。眉間但看兩頭垂。何知小兒常被驚。山根年壽色常青。何知人家妻受邪。奸門黑漆不光華。何知人家兒受災。三陽暗色如煙煤。何知人家竹林旺。山根氣色繞周黃。何知人家貯積財。甲匱紫色常堆堆。何知為官多災難。坐時眉攢口常嘆。何知為官一舉超。未發言辭語含笑。何知凸睛殺人惡。但看當門兩齒落。何知人家殺頭妻。必是山根年壽低。何知人家殺頭夫。左頸肥大右頸枯。何知兄弟生同胞。必是眉頭有旋毛。何知官員剋舉主。鼻曲印破多紋縷。何知僧道有高名。必是古貌與神清。何知人家遭劫盜。赤脈地位常乾燥。何知人家孝服生。眼下喪門白粉痕。何知壽年九十六。天庭高聳精神足。何知壽年八十二。法令低垂是。何知其人四十五。面皮如繃鼓。

【何知訣】

何知有貴人。水土肥且明。何知愛弓鎗。露睛赤脈長。何知妻兩換。眉毛且入眼。何知有錢爛。土星如懸膽。何知有文章。牙細口唇方。何知賣祖業。口尖舌能急。何知人聰明。肉紅赤眼睛。何知父母早不全。黃毛額角旋。何知無兄弟。土高山根傾。何知必作屠。眼赤眉毛粗。何知妻破家。頭尖額更斜。何知命不長。聲音女人樣。何知多殺人。眼內赤貫睛。何知兩度嫁。女作丈夫聲。何知富貴昌。頭圓而面

方。何知有病苦。年壽金木生黑子。何知九十壽。且隨其翁晚景肥。何知其人定生
財。看看五露分明來。何知其人常作寇。月孛鼻頭尖且小。何知其人一生閒。坐如釘
石眉頭寬。何知獄厄有災迍。但看眉間有斜紋。一紋一度入獄內。二紋二度入牢危。
何知其人無兄弟。眉短眉交皆不利。何知破家不齊整。面皮光滑薄如紙。何知其人
發祿遲。鬢毛重厚迍邅隨。何知為官不超陞。坐時神暗眉常蹙。何知一世不生兒。三
陽陷了色如脂。何知人家被劫奪。兩眉起紋生過目。何知人生服毒藥。土上損破黑子
惡。何知人主卒暴死。唇青年上生黑子。何知人生命帶空。長腳蜂腰總一同。何知其
人心偏曲。豹牙缺齒黃面目。何知其人主餓死。縱紋入口乃如此。何知其人主水厄。
看他眉間雙黑子。何知父母早不全。其人上唇若翹夭。何知女人定剋夫。眼大眉高顴
骨粗。何知破敗且伶仃。看他兩腳如杖形。何知其人主大殃。耳焦眼赤禍難當。何知
剋子又刑妻。面形恰似破菰兒。何知貪財並好色。鼈背龜胸如何說。何知其人死相
隨。初年即便身充肥。何知殃財且貧窮。看他上下露臀胸。何知男子定孤刑。項喉恰
似鷺鶿形。何知兄弟各相拋。眉毛蹙定常相交。何知幼小災厄故。但看鼻頭井灶露。
何知破祖又離鄉。三尖三露為之殃。何知女人定拋夫。額角入鬢更何如。何知作事倫

序無。看他眉睫長而疏。何知父母兄弟異。耳眼大小高低是。何知其人兩三婚。但看奸門有多紋。一紋必定剋一妻。二紋兩度重婚娶。何知刑剋事招嫌。口下生鬚直到顴。何知末年主多災。但看其人無下顋。何知女人是婆姨。看他一雙好蠻蹄。何知刑妻並剋子。魚尾偏枯顴骨露。何知破祖閒事侵。額尖頭尖項後深。何知兄弟皆不和。但看兩眉粗更多。何知享福又清閒。看他兩腳毛多生。何知不久剋妻兒。但看氣色白生眉。若看眼下白色起。右剋妻兮左剋子。何知官貴顯文章。眉秀目清好印堂。何知人妻產孕易。陰陽位上安兒女。何知其人剋爹娘。但看眉粗又更黃。何知妻子值千金。但看眼下淚堂深。何知刑剋子難言。眉粗目大帶雙絃。何知一生衣祿榮。印堂寬正且無紋。何知富貴名聲響。耳生貼肉皆相濟。何知害子又剋身。看他形似豬肝形。何知破祖剋妻子。面似桃花眼如水。何知女兒孤且淫。聽他一片雞公聲。何知臨產閣王覓。看他眼下氣色赤。何知一生多凶害。但看眉毛生出來。何知人主他鄉死。看他眉上生縱理。何知其人生得貧。額上陷得一枝星。何知平生多破敗。月孛倉庫皆陷害。何知末年敗郎當。看他決定無承漿。何知主有美貌妻。看他兩眼長而細。何知祿破命不逸。看他兩腳粗如柴。何知男女位上厄。看他眼下帶赤黑。何知子孫生災厄。

準頭分上有青色。何知病患來不饒。看他眼下黑而焦。何知不讀書與經。看他恰似青蠅聲。何知人常招口舌。看他面形多火色。何知其人損頭妻。而皮光滑粉如脂。何知病女偏命長。其人面瘦身肥壯。何知丈夫主有刑。請看此婦額不平。何知夫婦主分離。四白多生頷決虛。何知其人主路死。滿面白色恰如泥。何知處世多豐榮。其人天庭有福星。

何知歌訣（二）

何知此人水中喪，地闊有壢鬚眉重。水法不清神昏暗，眉無黑字少年痛。

何知此人火中喪，眉黃差促髮紅黃。眼有紅筋顴赤露，縱然不死火傾財。

何知此人兵中亡，山根有破眼睛黃。兼更命陷羅計豎，顴破神昏髮又剛。

何知火上大破家，金人帶火面紅短。鼻樑有暗或黑子，破鑼聲尖鬚如麻。

何知此人必受刑，紅筋纏睛山根青。顴尖眉豎性狠惡，纏筋頂丁斷三停。

何知此人入牢獄，眉低睛暗色昏濁。山根有斷暗色侵，定為人命遭身戮。
何知此人招盜賊，髮眉無光眼無殺。金甲兩匱有紋沖，暗黑鋪顴屢見嚇。
何知此人多火災，面額昏赤如塵埃。準頭紅氣直侵壽，回祿於斯定必來。
何知此人必溺水，唇白數莖青入口。面中通暗光殿青，何伯催促難回骨。
何知此人溺水死，黑氣入口有癦子。波池紋現坎宮烏，唇搴掌上坎宮似。
（坎宮即掌上之八卦坎位是烏主水溺死）
何知此人招盜來，暗露神衰光殿暗。印堂間或現赤紅，定然官訟亦不禁。
何知此人家早傾，額上多紋耳反生。縱有輔弼難培保，天倉沖破少年青。
何知此人心破家，體細身輕行不正。片瓦不留定必然，天倉缺陷焉能刺。
何知此人中年敗，兩顴帶破唇露齦。眼深鼻削灶門空，定是退財猶不僅。
何知早年子不受，額上紋通奸門陷。龍宮沖破地反天，人中平臃同為鑑。
何知妻宮無子嗣，奸門露骨額多沖。若是顴高宜妾助，龍宮沖破亦相同。
何知妻妾死非命，奸門低陷又交加。若是青筋多痛癢，生離死別定無差。
何知此人服毒死，白氣入口唇黑是。懸樑眼眉有交紋，鬼味必然怪部暗。

何知此人多官非，眼內紅筋赤砂起。眉粗又壓三陽昧，牢獄身當家道止。
何知官運多降謫，睛露步跛而神衰。倘若神露更難復，定然倒跌也徐徐。
何知此人少年死，額上多筋神不清。面色光浮天羅犯，無兒命短兩相並。
何知小兒災難多，山根青黑命門烏。額角準頭青烏現，青黃入口死難逃。
何知小兒養不成，耳無氣到輪廓反。頭上多筋陰勝陽，陽勝亦然難定難。
何知小兒必難養，頭大頸小囟門陷。臍凸枕骨山根無，聲斷短促災妖鑑。
何知少年剋父母，髮低耳反筋在額。唇及鼻眷霜相同，髮尖沖印天庭黑。
何知中年大破劫，眼凸水光財命逼。縱然逃得有幾人，幸而肉色不淡白。
何知此人相刑剋，形似豬肝色不華。身粗面絕孤貧苦，眼下無肉子妻妨。
何知老來反困滯，鬚連鬢髮不分清。上鬚不唇同困蔽，鼻小孤寒死不寧。
何知至死無兒孫，三陽黑枯骨又粗。目撮如囊人中腫，必然剋盡乃身逃。
何知婦人臨盆死，顴紅似火神如醉。唇黑髮枯死必然，掌上烏鴉宿不取。
何知婦人產難亡，眼小眼圓神露急。唇搴眼白網羅鋪，震中暗黑掌中執。

何知婦孕死在腹，唇黑睛定面藍酷。眉鎖山根命門烏，嘆聲不絕入地獄。

何知婦人多剋夫，超唇顴露骨又粗。額凸睛深鼻又折，唇厚采遍髮健毛。

何知婦人無子嗣，龍宮沖破三陽陷。人中平臃唇白色，腰折頭傾聲破鑑。

何知婦人中喪偶，瘦身高長風擺柳。兩顴微起額窄兼，縱是樂前必嗟後。

何知婦人反劫財，兩眼低垂散尾多。兩顴不起懸壁反，人中無鬚奔怨何。

何知禍從天上來，印堂沖破紋多多。不但己憂猶未了，更有人憂照面過。

何知此人蛇虎傷，山林內裏黑暗深。淚堂紋破陰騭地，改過心腸免禍侵。

何知死後無吉地，法令直冷丑位是。地閣不朝頤又尖，邊地不分無所冀。

何知此人妻奪權，雙眉壓目頤侵顴。妾攘妻位左奸黑，右邊眉豎認其端。

何知此人多招凶，皆因眉豎眼睛紅。倘或顴暗神昏濁，定然橫過直頭沖。

何知此人父母病，日月角上必黑暗。倘然有服觀印堂，白色凝凝達滿面。

何知此人剋兒孫，龍宮黑暗如煤煙。臥蠶黑透到奸門，兒女當知有命連。

何知此人剋兄弟，兩眉高豎眉毛箭。縱然不剋亦參商，連眉更有難自免。

何知此人必妓作，身粗面細多輕佻。擺柳身材微濕光，笑口頻頻似賣俏。

何知虛花兼無壽，皆因腰眷陷如槽。鼻斷神寒身又藜，有如生相定難逃。

何知兩載便亡身，天柱倒時黑又光。行如兩步來侵我，唇如隔水侵生羗。

何知此人定分妻，奸門有紋如叉樣。或有紋似十字形，此是生離妻妾相。

何知此人死非命，唇搴眼白心窩毛。眼下網羅掌中骨，井有繩紋自縊徒。

何知此人遭雷擊，掌上震宮便端的。震位烏鵲及青筋，古顴雲暗定為則。

何知此人必大富，金木貼弓戊己豐。六府隆聳五嶽朝，服垂背厚聲洪鐘。

何知此人必大貴，虎頭燕頷伏犀鼻。眼睛黑漆口容拳，手長背厚腰直是。

何知此人必大福，五嶽朝元腰背伏。鬚髮清疏眼殺強，行動端莊力聚足。

（腰圓背厚，腹垂有托，下鬚有索，此是大福相。）

何知此人必大壽，頭骨崢嶸腰直透。耳毛頸條一齊生，足定神清頂骨奏。

（人之壽相要揣其眼神，強者必大壽，病重者亦要眼神不衰不死也。）

何知此人壽如松，腰直背豐頂骨隆。神清氣爽眉毛艷，耳毛頸條一齊同。

何知此人命必夭，唇翹齒露眼昏小。眉毛重濁額多筋，耳暗眼浮行動跳。

何知此人一生窮，背則肩尖不盡然。雨中雞形若相似，肉背屍行定乞兒。

何知此人運必通，神強色旺五官豐。海口河目鼻準配，行動端莊福祿從。

何知此人身安逸，手足肉厚腰背平。印堂寬闊鼻顴正，口大皮鬆一世寗。

何知此人多勞碌，眉寒眼大頸又縮。面長腳長皮粗枯，骨重眉重魚尾枯。

何知此人最聰明，目秀神清腦骨成。齒白唇紅鼻又正，印堂寬闊輔弼應。

何知此人多技藝，毛眉纖結眼光透。鼻長面長眼睫長，手軟如綿顴有勢。

何知此人性寬大，印廣額闊鼻孔寬。耳竅口稜面恢廓，黃光滿面眼眶長。

何知此人性跼蹐，七竅俱小容不得。顴高筋現難吃虧，些小事情遭性癖。

何知此人多刻酷，面皮青薄無些肉。性急露筋又露喉，眼深顴起山根伏。

何知此人心善良，眉毛疏細眼眶長。陰騭堂光印寬闊，唇紅神定語端詳。

何知此人大奸雄，眼神不定語輕圓。坐弓立弓不安穩，兩顴起稜鼻似刀。

何知此人頑不靈，眉重壓目面骨粗。髮際低弓耳又暗，神昏疏懶氣模糊。

何知此人能憤激，眼殺神強抑不得。顴骨高生鼻又高，仁義輕生氣霹靂。

何知此人得賢妻，鼻樑豐起山根齊。天倉滿起顴平聳，唇紅齒白定相攜。

何知此人得大財，地閣朝元倉庫豐。兩竅不露顴準配，雙眉蓋目眼長縫。

何知此人必多子，人中深弓龍宮滿。兩乳多珠臍深攔，額上無紋天倉胖。

何知此人必食祿，口大唇紅齒又密。顴起準貫背又豐，城廓分清兩頤拂。

何知此人老無妻，眉顴骨殺聲又嘶。喜怒不常眼帶淚，臥蠶魚尾暗無歸。

何知此人老無夫，雙顴橫面聲又粗。地閣尖削性情戾，鼻樑露骨氣嘈嘈。

何知此人幼無父，髮重骨重筋額沖。翹唇反耳鼻露節，髮尖沖印眉疊重。

何知此人老無子，滿面光浮滿面燥。淚堂浮腫或暗沖，地閣不朝又尖臀。

何知此人色中喪，柳葉眉弓眼又暗。夾色傷寒眼下烏，婦人色眼雀斑甚。

何知此人酒中喪，鵝鴨位上有黑暗。面上通紅酒過傷，準頭紅白筋當禁。

何知此人貪而鄙，眉眼口鼻促聚是。錙銖必計斗筲如，富貴中人亦可鄙。

何知此人多招氣，頸上骨粗暴戾至。眼凸睛紅眉骨高，好報不平兼自恃。

何知歌訣（三）

【相疾病生死秘訣】

何知此人病在心，兩眉鎖皺山根細。氣色青黑暗三陽，心痛心憂愁鬱際。
何知此人病在肝，兩眼睛紅頸筋粗。氣色乾燥金傷木，定然束怒氣嘈嘈。
何知此人病在脾，滿面青黃瘦不支。神衰唇白難運食，成濕成痰定必宜。
何知此人病在肺，顴紅肺火顴黑寒。血咳吐血殊哮喘，寒熱兩關顴上看。
何知此人病在腎，耳黑額黑面烏暗。補水制火節慾心，眼睛昏暗房勞禁。
何知此人蠱脹亡，山根低小面黑黃。縱有病人面略白，眼深鼻斷象孤寒。
何知此人手足傷，山根一斷氣難揚。腎虧筋弱殊火爍，跌蹼傷病鼻骨殃。
何知此人夾色病，兩眼昏暗神不清。兩眉粗壓目蒙昧，夾色傷寒陽縮驚。
何知此人主長寒，面垢神昏色暗黃。黑是寒兼黃是熱，有痰宜辨眼睛黃。
何知此人主狂痰，眼凸睛黃下白現。殺重性剛主狂癲，痰生肺火胸中戰。
何知此人遺精症，皮色青黃色不榮。有時紅艷如脂抹，相火虛痰亦洩精。

何知此人痛心病，頭低眉皺山根青。兼印多紋抑鬱重，精舍暗黑痛難勝。

何知此人火爍金，顴紅血壯髮鬚少。露筋露骨齒牙頹，定知火盛筋骨燒。

何知此人主長寒，鬚濃困口不分清。面黑更防餐飯少，老來噎食定憂驚。

何知此人必吐血，山根露骨瘦且小。面青骨赤血必防，縱然不吐瘡衄照。

何知此人必癆症，面皮網鼓眼神急。人瘦氣短性躁兼，鼻劍背薄頤尖齞。

（齞者露牙上肉也。）

何知此人失血來，面皮青黃色不榮。鬚紅鬚赤髮早脱，此時失血乃成形。

何知此人熱嘔血，額黑耳暗面皮焦。唇裂紫黑驗如此，面上無光定不調。

何知此人糞後紅，年壽之間有暗烏。定然食燥則生血，痔血便血作常遭。

何知此人腎水虧，眼下陰陽有暗烏。必是少年多縱慾，眼深暗黑又乾枯。

何知此人發哮喘，兩顴暗黑多烏點。此是肺寒實無疑，唇黑兼之檢自宜。

何知此人多衄血，鼻樑光燄似火形。瘡疾須防前後見，瘍瘑疔疥一齊成。

何知此人多盜汗，面白唇青髮淡黃。脾弱肝虛神不壯，總官壯胃補脾方。

何知此人手足震，皆因末指屈難伸。血不榮筋方有此，老來氣疾佔其身。
何知此人痰必多，眼下浮胞白帶黃。肉脹痰凝氣不運，乃從此位認真妝。
何知此人氣不足，面皮淡白無榮色。或浮或腫或削瘦，總是氣弱為真的。
何知此人多熱病，面紅髮焦火生燥。唇爛口瘡亦多逢，皮膚血熱或兼到。
何知此人陰份虧，面青面黑皮乾枯。唇黑肉削眼昏暗，定是陰虛命必無。
何知此人生瘰癧，人瘦筋露面黑赤。髮眉暗濁山根小，肝鬱或形身病的。
何知此人陽不起，滿面暗黑如煙蔽。三陽枯陷眼無光，綜是陽縮腎病發。
何知此人身將死，命門口汞井竈烏。兩目直視無轉側，應知不久即嗚呼。
何知此人死復生，滿身病重眼神清。觀視玲瓏一點照，三陽遠透耳光榮。
何知此人身將病，山根烏暗身災現。倘有烏鵲集大庭，準頭暗黑命將遺。
何知婦人經不調，眉毛紛亂認其端。束熱定然顴額赤，虛寒唇白面青凝。
何知婦人遺白帶，黃白無光面是真。或成崩漏皆無肉，浮氣虛癆則羸身。
何知小兒多驚險，耳根青暗頭筋現。兩耳不垂失氣形，無風波浪急如箭。
何知此人多瘡疥，頭骨過重肉不稱。陽為頭骨火必多，瘡疥依然生列宿。

腎虧眼肚黑。肺熱準頭紅。肝盛雙眉赤。
寒喘兩顴烏。多風藍眼白。痰濕眼中黃。
多痰眼肚腫。寒胃口唇青。腎絕耳黑槁。
濕盛面皮黃。肝燥皮毛燥。血熱眼顴紅。
夾色眼昏暗。足傷月孛沉。失血烏年壽。
遺洩面青黃。氣虛面黃腫。多汗唇面青。
痛甚眉心皺。面黑月孛青。忽病忙何急。
面紅又鬚紅。額焦宜補水。唇白忽嘗寒。
顴赤宜清肺。肥盛要除痰。瘦人肝火盛。
羸弱虛氣防。困喉鬚噎食。血燥鬚髭紅。
洩漏面黃白。腹痛白面唇。面黑藍防蠱。
眼仰凸防狂。人瘦面筋現。似鶴狀成癆。
面藍青鬼味。絕胃口門藍。服毒白人口。
鼻暗身將亡。痰盛面光亮。氣急瘦癆亡。

第七章

古訣精選

#【麻衣金鎖賦】

相法百家歸一理。文字泛多難揆。刪出諸家奧妙歌。盡予後人容易記。六害眉心親義絕。纔如秋月圓還缺。剋妻害子老不聞。作事弄巧反成拙。山根斷兮早虛花。祖業飄零足破家。兄弟無緣離祖宅。老來轉見事如麻。眉高面黑神憔悴。愛管他人事罣懷。冷眼見人笑一面。不知毒在暗中來。乍逢滿座有精神。久看原來色轉昏。似此之人終壽短。縱然有壽亦孤貧。五星六曜在人面。除眉之外怕偏斜。耳偏口側末年破。

鼻曲迎突四十年。讀盡詩書生得寒。文章千載不為官。平生雖有衝天志。爭奈鶯雛翼未乾。面大眉寒止秀才。唇掀齒露更多災。終朝腳跡忙忙走。富貴平生不帶來。上停短兮下停長。多成多敗值空亡。縱然營得成家計。猶如烈日照冰霜。下停短兮上停長。必為宰相侍君王。若是庶人生得此。金珠財寶滿倉箱。形愛恢弘又怕肥。恢主榮華肥死期。二十之上肥定死。四十形恢定發時。瘦自瘦兮寒自寒。寒瘦之人不一般。瘦有精神終必達。寒雖形彩定孤單。色怕嫩兮又怕嬌。氣嬌神嫩不相饒。老年色嫩招辛苦。少年色嫩不堅牢。眉要曲兮不要直。曲直愚人不得知。曲者多學又聰明。直者刑妻又剋兒。髭髯要黑又要稀。依稀見肉始為奇。最嫌濃濁焦黃色。父在東頭子在西。議論爭差識者稀。附於金鎖號銀匙。眉高性巧能通變。侍待王公在此時。

【銀匙歌】

股肱無毛最是凶。兩頭如杖一般同。雖有祖田並父蔭。終須破敗受貧窮。頭痕瘢剝最為刑。羅網之中有一名。若不剋妻並害子。更憂家道主伶仃。相中最忌郎君面。

男子郎君命不長。女子郎君好淫慾。僧道孤獨卻無妨。眉毛間斷至額邊。嘗為官非賣卻田。剋破妻子三兩個。方教禍患不相纏。好色之人眼帶花。莫教眼緊視人斜。有毒無毒但看眼。蛇眼之人子打爺。無家可靠羊睛眼。卻問他人借住場。更有禾倉高一寸。中年猶未有夫娘。眼下凹時又主孤。陽空陰沒亦同途。卯酉不如雞卵樣。只宜養子與同居。下頭尖了作凶殃。典卻田園更賣塘。任是張良能計策。自然顛倒見郎當。眼珠暴出惡因緣。自主家時定賣田。更有白睛包一半。也知不死在牀前。下頦翹大旺末年。邊城不佐也無錢。數年荒寒不欠米。只因上下庫相連。鼻樑露骨是反吟。曲轉些兒是伏吟。反吟相見是絕滅。伏吟相見淚淋淋。眼兒帶秀心中巧。不讀詩書也可人。手作百般人可愛。縱然賣假也成真。薄紗染皁出粟米。縱有妻房也沒兒。倘見山根高更斷。五年三次路邊啼。淚痕深處排一點。眼下顴前起一星。左眼無男右無女。縱然稍有也相刑。髮際低而幼無父。寒毛生角幼無娘。左顴骨出父先死。不死不刑便自傷。士人眇眼陷文星。豹齒尖頭定沒名。任是文章過北斗。恰如木履不安釘。眉重山根陷破財。更憂三十二年災。土星端正終須發。土星不好去無回。寒相之人肩過頸。亨福之人耳壓眉。更有親戚抬不出。只因形似雨中雞。大量之人眉高眼。眼眉相定不憂悲。眉粗眼細不相當。寅年吃了卯年糧。印堂三表是鎡基。只怕下長來犯之。假如水星來救護。不教人受此寒飢。上頭雖有些模樣。下停不均卻壞之。鶴腳之人成小輩（又云闊腳）。孿蹄孤子是婆姨。八歲十八二十八。下至山根上至髮。有無活計兩頭消。三十印堂莫帶殺。三二四二五十二。山根上下準頭止。禾倉祿馬要相當。不識之人莫亂指。五三六三七十三。人中排來地閣間。逐一推算看禍福。火星百歲印堂添。上下兩截分貴賤。倉庫平分定有無。此是神仙真妙訣。莫將胡亂教庸夫。胡僧兩眼名識覺。盡識人間善與惡。不帶學堂不是賢。莫將此法亂相傳。家風濟楚眉清秀。偈促之人庫帶紋。抬凳塵埃高一寸。只緣眉似火燒禽。準頭如棗紅更生。或在西時或在東。若得兩頭無剋處。假饒凶處不為凶。更有頤頦開兩井。準頭須帶兩頭條（音韶）。倉庫空陷不由人。休説良田多萬頃。大腳原來夭折災。髫頭可折在層台。耳聾眼患因羊刃。不折天年也有災。眉頭額角如龍虎。龍虎相爭定至愚。接連倉庫反為災。鼻樑骨露不安居。若是眉間容二指。此人開手覓便宜。眼下若無凶星照。中年不祿亦豐腴。中年倉庫看禾倉。禾倉有陷無囤儲。須要田園入庫倉。禾倉平滿有禾餘。取人性命面上黑。換人骨髓眼中紅。見人歡喜心中破。見人眉皺太陽空。有財不住無他事。只因倉庫有長鎗。露井露竈不周全。哪得浮生至晚年。雖然不怕經官府。只無衣祿也無錢。五三六三七十三。水星羅計要相參。逐一分門定禍福。水星莫被土星覆。數篇細話名金鎖。推明禍福令趨躲。試看人生無歸着。耳大無輪口無角。不在東街賣餛飩。便去西街賣餅飥。

【麻衣雜論】

凡人之相。必以清奇古怪而為貴。惡俗貧薄而為敗。清奇則名高位顯。古怪則貫朽粟陳。惡俗則貧賤之徒。孤薄則刑害之子。貴人則身重腳輕。小人則身輕腳重。齒似乾而濕。目似水而乾。手掌熱如火。軟如綿。色常潤者。乃福人也。眉高則名高。職高則鼻高。眼長而有學。口方而有辯。名在眉。職在鼻。計在口。俊在目。壽在耳。貴在額。福在背。富在腹。上視高貴。下視陰毒。遠視賢。近視愚。平視德。高視激。下視狠。斜視盜。亂視淫。猛視暴。凡有此視者。必有此驗矣。欲食貴人祿。須生貴人齒。欲穿貴人衣。須生貴人體。貴人頭上少髮。賤人身上無毛。人有金木水火土之相。金不嫌方。木不嫌瘦。水不嫌肥。火不嫌尖。土不嫌重。紋欲深而不欲淺。深則志深。淺則志淺。用則神施於外。收則神合於心。近觀有志。遠觀有威。瞻視有力。睡臥易醒。此乃神之全也。氣之為氣要內堅。即音須潤和暢。不在剛健震鳴急促。內蘊則和。外施則暢。有清中之濁。則內輕而外重。有濁中之清。則內蔽而外明。浙人氣重而不明。閩人氣明而不重。南人氣清而不厚。北人氣厚而不清。所以陰陽朗而山川秀。日月出。天地明。此乃氣之謂也。色須形於面目皮膚。欲深而不欲浮。欲聚而不欲散。發於五臟之表。為一身之光采。有所得而喜主於內。有所失而憂生於中。或有老而色嫩者。謂之弱也。或有少而色老者。亦弱也。面有三光。烏有四澤。烏有三暗。形與神相照。氣與色相附。神全則氣全。氣全則色全矣。

【貴賤相法】

夫人之生為萬物之貴。懷天地五常之性。抱陰陽二氣之靈。雖秉彝之本同。肖容貌之非一。觀其人當觀其氣色。知其相則知其賢愚。是以龍犀為帝王之形。龜鶴為公卿之器。於穀下豐。則知其有後。李廣數奇。則宜其不侯。龜形鶴骨。而終軍棄繻。虎頭燕頷。而班超授策。學堂既瑩。岑文本立顯詞章。蘭台已全。范仲淹身居輔弼。乃知相法。端造玄機。當觀次第。蓋先觀其額而別其眼。然後察其形而聽其聲。乃取貌形。細觀氣色。貴賤不逃於藻鑑。災祥瞭若於筮龜。善則有善之形。惡則有惡之相。有善藏於惡之內。有惡隱於善之中。善為福之基。惡乃禍之兆。頗得其意。始舉其凡。是必頭聳腦豐。面方印闊。眼湛寒波而分明清媚。眉彎秋月而疏淡秀長。獸耳下垂。獅鼻隆起。髮疏細面染漆。口方厚而含丹。語無囁唇。笑不露齒。腹垂而腰厚。肩圓而背平。人中長而井灶明。山根厚而倉庫滿。三方皆正。五嶽俱全。言簡且清。若流泉之響幽谷。坐端又直。如釘石而起浮雲。不陷無虧。非貴則富。如權柄均衡。牆壁方厚。掌欲微紅。面生潤白。眼下陰陽有光。鼻邊法令修長。凡賦此形。皆為善相。（以上相之善者。）

其眼雖長而眉促。額頦廣而頭尖。背隆胃潤而嬈其腰。耳聳唇方而坑其腦。形魁而雀步。骨細而鴨聲。語清則神似癡。色瑩而坐不正。皆有深淺之善惡。豈無先後之吉凶。（此言善中之惡者。）

或男顴低而女顴高。或女手軟而男手硬。準頭斜曲。頭或欹偏。眉或低昂。齒或疏缺。其為妬害。豈其尋常。甚而肉緩皮粗。髮焦唇薄。猴睛鼠耳。馬口雞胸。手短而腳長。身大而音小。脊高眉縮。額尖鼻低。眉曲則非愁而若愁。目粗則不怒而似怒。色昏而神不粹。語泛而步如奔。貪而不厭。淺識難明。或有青浮赤緩。或有臉發青藍。乃不令之形神。為非常之凶惡。（以上相之惡者。）

然而體雖薄而額廣。頭雖偏而氣清。兩目粗大而身滑如苔。雙眼迷濛而聲聞似甕。耳雖似薄。起唇上之覆舟。牙或有尖。聳額中之圓鼓。未易置善惡之論。亦可為富貴之人。（此言惡中之善者。）

凡欲定其容貌。可不取於形狀。欲知飛走。巧以推尋。要彷彿以略求。不必拘泥於全似。鳳睛龍眼者。為文貴。蜂睛豺聲者。為武榮。猿背猿聲。未有不登科甲。虎視虎骨。當知定至兵刑。龜鶴者益年齡。牛豬者豐衣食。鷹嘴須防於蜂蠆。烏喙必畜於狼心。如蛇則少食而孤。似羊則多淫而夭。（以上飛走取形。）

隨眾形而為喻。特片語之強名。與其形似於群類之殊兮。未若細繹於五行之妙。金方。木瘦。水圓。火尖。土主厚肥。形分差別。有體形之相生。剋則為災。生則為福。但看或肥或瘦。須要旋成旋就。（以上五行取形。）

雖然論相而論形。尤必觀氣而觀色。發有本末。應有深淺。如蠶口吐絲。似蜂唇挑粉。取五行而論五色。按四季而定四方。更有一日之間。綴以八年之內。氣色由微至著。占往知來。在心目之妙觀。非唇舌之可述。其初入孔孟之室。浪登許負之門。唐舉許負。裒集諸子百家。不勝千歧萬轍。或彼此之相反。吉凶之未詳。剪其繁蕪。撮其樞要。先輯簡易之數語。繼陳次第於篇中。倘有補於缺辭。不敢望於同志。

【袁柳莊識人賦、袁柳莊雜論】

【袁柳莊識人賦】

乾坤密運兮。品類咸亨。南火北水兮。東木西金。春風夏雨兮。秋霜冬冰。南方丙丁合兮主文明。北方壬癸配兮剛威臨。東方甲乙旺兮主慈仁。西方庚辛秀兮風氣淳。月滿則虧兮。日中而移程。南人五子兮多主分。北人五妻兮多喪身。鳳凰鳴而必利兮。蛇蠍出而方生。時候氣制兮。偏正不均。南人面如雞子兮。北人頭似斗底平。東人短兮。西人腳長。南不相天兮。北不相顴。東不相嘴兮。西不相腿。南人似北兮必超群。北人似南兮終飛騰。東人似西兮而聲名。西人似東兮而豐盈。南不相輕清兮。北不相重濁。東不相色嫩兮。西不相老成。南人形相分明兮。北人古怪而精神。東人俊兮。骨氣漸衰。西人秀兮。氣爽而神清。南婦貞潔兮。額廣頂平。北婦貞潔兮。五嶽平正。東婦貞潔兮。瞻視柔順。西婦貞潔兮。神清氣靜。南婦淫兮。赤脈貫睛。北婦淫兮。掠鬢斜行。東婦淫兮。笑坐不停。西婦淫兮。顴面不平。南婦妨害兮。髮黃鴉聲。北婦妨害兮。額上橫紋。東婦妨害兮。四白羊睛。西婦妨害兮。身硬男形。男子無肩兮。到老貧寒。女子無肩兮。至老榮昌。男子口小兮。貧薄夭亡。女子口小兮。聰慧智良。男子蛾眉兮。損爹損娘。女子娥眉兮。寵妾寵房。男子剛而明快兮。輔佐君王。女子柔而貞靜兮。宜配賢郎。有祿有官有爵兮。十二宮中兼看。無神無色無氣兮。八卦數內循環。富貴貧賤分定兮。視南北東西人物相當。五嶽四瀆九州兮。識運限四柱禍福災祥。麻衣真秘訣。千載永留芳。

【袁柳莊雜論】

（上篇）人貴之相有三。曰聲。曰神。曰氣。蓋聲清則神清。神清則氣清。驗此三者。形骨次之。是以古者方技之妙。有聞人之謦欬。而知其必貴者。得之於神也。有察人之喜怒操守。而知其必貴者。得之於氣也。聲欲響闊而長。神欲精粹而藏。氣欲舒緩而淨。反此者弗貴也。有聲而氣怯聲緩。則其貴遲。有神而氣怯聲破。則其貴不遠。富貴而神濁聲慢。未可以言貴也。此三者幽而難明。玄而難測。惟意所解。言莫能窮也。

（中篇）形成而不可變。體具而不可缺。大凡形體。惟在完滿隆厚。清潤崇重。平正華秀者。不貴則富也。惜夫怪而粗。古而露。清而寒。秀而薄者。皆非美相。古人論部位法。以額準地閣左右顴為五嶽。以眼耳口鼻為四瀆。以上下左右分為九州十二辰。由此觀之。則一形之微。其所該也。烏可淺淺而論之哉。故上有天子。下逮庶人。其五臟六腑九竅之形皆同。然其所為形則異也。若辨析之。須於三停五行中求其要妙。次看氣色。左顧右盼。尋根揣本。則貴賤貧富。吉凶壽夭。灼然可見。

（下篇）形體。相之根本也。氣色。相之枝葉也。根本固則枝葉繁。根本枯則枝葉謝。夫論相。所以先究形骨而後觀其氣色。此皆氣色也。夫氣舒則色暢。氣恬則色潤。氣潤則光澤華美見於色。此皆氣色之善也。氣偏則色焦。氣滯則色枯。氣蔽則憔悴黯黑見於色。此皆氣色之凶也。若夫形如槁木。心若死灰。淡然不與世俱。此又聖人之相。不可以氣色論也。

【太乙真人書】

侍天顏之咫尺。額廣足圓。趨帝闕之須臾。眉清目秀。天庭高闊。不貴還當富有餘。地閣尖長。多憂還是家不足。鼻如懸膽。平生足祿足財。耳若連腮。自是有名有譽。因其功名較晚。筋骨傷高。緣何壽命不長。人中短促。口無稜角。終為說是說非。唇若含丹。一世潤身潤屋。常是憂深遠慮。只為眉攢。然而吉少凶多。皆因目陷。傷殘骨肉。須知眼下淚痕。剋害親情。偏忌怒中喜色。欲識其心不善。眼視偏斜。要知其心不長。唇掀舌薄。齒方而密。聰明勤視詩書。面潤而長。志氣貫通今古。若知貴賤。細看分明。嗚呼。唇若掀翻。言語虛而懷奸詐。眼如深露。詭詐大而蘊強樑。五嶽不正。非盡善盡美之人。兩眼雌雄。豈由義由仁之子。色如常變。必蹭蹬而名更遲。聲若破鑼。多刑害而心不睦。眉如一字。豈能潤屋肥家。背若屏風。終是封妻蔭子。腹垂腰闊。衣糧足用而倉庫充。胸露臀高。家業散而壽源少。若乃天庭中正。定知事事無憂。假若眉宇長弘。必主般般利益。身宜橫闊而正。扁不入相。惟體上短下長。難為吉論。若夫行步緩重。當為仁德。更如坐視端莊。必為福相。神要藏而威不露。貴而可知。色要正而氣要清。富而不謬。色要細察。方斷吉凶。形要細觀。方言貴賤。或形清而後有福。或貌古而有前程。古怪清奇。必當詳審。不以美善而言福。不以醜怪而言凶。此名太乙真人書。喚作仙家神品鑑。

【達摩動靜論】

相之大段略備。尚存小節當知。喜時常怒。必是艱心苦力之人。怒時反笑。定主刻厲狠堅之性。對人頻頻偷視。莫與交游。無人忽忽自言。豈堪遠大。坐每低頭。心同豺蠆食多淋落。身似絮萍。無痰常吐。而吐不收。先富後貧（不收聲也）。有話欲言而言不足。有頭無尾（不盡言也）。疾言而口常撮聚。必破產飄蓬。無事而動每匆忙。終離宗困頓。紋絲纏眼。山根青筋起者重刑（犯重刑也）。丹硃抹唇。滿目桃花浮者蕩。

【陳希夷風鑑歌】

人之所禀氣兼神。以火為神水作精。火本為心水為腎。精全而後神方生。神生而後氣方備。形備而後色方成。是知色隨神出實。此乃氣力逐聲鳴。有形又不如有骨。有骨又不如有神。有神又不如有氣。神之得氣旺如春。大都神氣賦於人。有若油兮又有燈。人安本自精神實。油清而後燈方明。夜宿於心常寂寂。日居於眼覺惺惺。其間或有清中濁。有時又取濁中清。更兼風韻細收藏。久坐凝然力轉強。如此之人堪立事。輕浮太急少須忙。其次又看形與骨。骨皮與膚須軟滑。要其就兮與未就。旋有旋兮終不久。忽然未好已先盈。花未開兮子已生。老人不欲似年少。後生仍須帶老成。男兒不欲帶女相。女子不欲帶男形。陰反於陽必損壽。老懷色嫩必須傾。丈夫婦女兩般詳。女要柔和男要剛。婦人受陰本要靜。未言先笑卻非良。良人有威而無媚。娼婦有媚而無威。令人一見便生侮。所以生身落賤微。木要瘦兮金要方。水肥土厚火尖長。形體相生便為吉。忽若相剋便為殃。金得金。剛毅深。木得木。資財足。水得水。文學貴。火得火。威武大。土得土。多財庫。金不金。多伏吟。木不木。多孤獨。水不水。多官鬼。火不火。多災禍。土不土。多辛苦。且如形體本先瘦。次後身肥最為妙。復如瘦削木乾枯。木帶金兮災轉多。亦如形體始方正。次後背隆最為應。若然始方次又尖。金帶火兮災愈添。初中最好末後災。腰小行來步又開。初中蹇滯末後好。腹背俱生懸壁倒。一生只在選人中。體俗形粗背不隆。有賢自然能賢荷。學堂成就是非同。有金之人必有面。有土之人必有背。其或面清多極貴。面似田兮身似貝。有時舉眼隨身起。有時接語和身退。近觀有媚遠有威。久視愈明初見晦。眼下三分一正面。常調之中豈曾見。龜息尿散屎必方。相中偏僻見非常。遠看形醜近看好。上馬大兮下馬小。更若藏骨與藏神。八座三台官最好。須知觀骨有四般。入耳無過壽更寬。插向天倉須兩府。鬢生鹽司兼守土。借問相中何獲壽。認取神藏骨又明。或然神短骨又露。四十三前大可驚。心灰於內神槁外。相法曾明為主人。骨氣秀清神肅靜。豈在凡間隱卻身。瞻視眉平眼又平。不然為道便為僧。紫衣師號因何得。三主如金人中臣。無祿有官神必汎。有祿有官在神清。走獸飛禽類數般。莫將禽向獸中看。瘦長但向禽中取。肥短當於獸裏觀。似禽之人不嫌瘦。如獸若肥最為妙。禽肥必定不能飛。獸若瘦兮安快走。虎看腮兮犀看角。鳳看眼兮鶴身削。南人似北必富貴。北似南人主崢嶸。吁嗟流俗不知音。也向飛走要言形。上貴之人方入相。中下之人豈可評。富人不過厚其身。貴士方當與論神。貴在於眼富在耳。富貴同看誤於人。要知南人體似北。身大而肥面多黑。欲知北體似南人。體瘦身輕氣薄清。不貴似貴終須貴。不貧似貧終處貧。貧中反貴由何得。看取驛馬先生骨。貴中反貧有何由。胸高體薄神何昏。清奇古怪秀異端。七者之中亦弔看。清而無神謂之寒。奇若無神焉有官。古而無神謂之俗。怪若無神仍主辱。秀而無神謂之薄。異而無神謂之弱。端而無神謂之粗。有神七者與當殊。見達之人志必遠。視高之人志必強。最怕下斜並赤暈。心存奸惡氣高昂。更問神生何帶殺。認取白睛多聚血。要辨刑中卻帶刑。定刑獄位有紋痕。觀氣與色宜相合。色居皮上氣居血。來如蠶繭曳牽絲。去似馬尾毛方歇。為福定隨日影去。福必定交終日聚。更看青色與黃紅。又認發時於何部。若言隨部上觀之。吉凶悲喜定無疑。形滯之人行必重。神滯之人形必開。氣滯之人聲必硬。色滯之人面塵埃。得意之人有可識。辨取三光及五澤。忽然時下不知心。其部自然多黯黑。最愛有處一如無。又忌易憂兼易樂。須知相貌出天然。我若有之非外鑠。淚堂深陷山根折。少年悲泣何曾歇。父母妨害要須知。更如眉上認高低。素無兄弟眉粗短。耳輪無廓主無妻。更有一法辨妨妻。閣中枯陷少人知。日角龍角誰謂奇。所為不吉任何為。三尖五露不入相。所為皆吉禍因齊。若不辨心而論相。是將人事逆天時。天時人事如相稱。相逐心生信有之。大都貴賤不相識。微妙盡夫人眼力。居然由貌以觀之。恐誤世人認凶吉。雖然富貴盡有科。其所不知惟有壽。若將風鑑以規之。長短於中亦無究。

【體論章、器氣章】

【體論章】

試聽聲氣最為先。體論目前分貴賤。舉動堂堂出眾儀。吐珠出語超群彥。行之若流坐如擲。動似浮雲靜如石。動靜之中體用殊。更看作事操胸臆。鴨步鵝行主富榮。鶴形龜息壽彌高。結喉露齒多貧賤。騾嘴豬唇身心勞。身如鼉皮必下愚。面若塵灰多乞化。鼻露竅兮主無安。鼻露齦兮文學失。荀卿非相殊可師。徒見文兮不見斷。相形不論心所為。慢恃形容寧富貴。仁存心兮義處身。何必清眸與高鼻。屈原鼻斷竅。莊周唇露齒。原豈虛誕妄。周豈文學鄙。目下分明有臥蠶。隱隱侵年陰騭氣。耳內生毫忽夭亡。鵝行鴨步忽零替。目下如有痣。終歲常垂淚。口低二角垂。乞食於街市。憑君目。看神氣。人道更將人事比。內狠之人言語默。內熱之人言語利。善人簡略言辭間。舉止謙恭不自滿。以仁擇其心。以義斷其人。敬老慈幼憐寒賤。遇物常懷不忍看。積毀可消骨。積德可忘怨。每在人事不在遠。天理之為君試看。相與神氣扶。更在常為善。一如成金人。始因逢百鍊。

【器氣章】

五行秀氣生英特。體貌堂堂佐明國。其器猶如百斛舟。引之搖動不可得。頭圓像天足像地。血脈江河與同類。草木既與毛髮俱。聲像雷霆分巨細。骨肉須相副。皮膚須潤膩。步驟輕快怕偏側。又要骨重兼軟美。五長之人。隔江聲可聞。五短之人。要堅實。眼不欲滿。長眉目分（形象相刑相剋）。存斯匀。五短推排細尋趁。其言人定形。形以剛柔應。五位皆有相剋勝。氣在五相最為定。不用他觀與我求。識取休囚旺相神。且如木型生修長。頭短肩縮幼年亡。忽然乍肥與乍白。定知客死在他鄉。金型方兮水圓秀。骨肉敦宏土重厚。木型氣青官鬼臨。水型金型同納音。金盈赤兮主憂滯。金得青兮多稱意。要識人生俱五行。乍勝乍舉同斯文。

【管輅人倫淵奧賦】

狀貌各異。形神不舒。男心狠而害子。女性剛而殺夫。髮厚眉連。盡是兇愚之輩。頤尖額窄。但為孤寡之徒。原夫聲乏韻而貧夭。目有神而高壽。威顯體重者。功名必遂。背削肩寒者。資財莫守。伏犀隆峻。終為廊廟之英賢。俊目修長。必作文章之領袖。果為善惡易見。曲直莫量。斜視偷觀兮。自然損害。下視高窺兮。必致刑傷。嗟夫。骨肉之間。何喜怒之不常。且如失志之時。遽遭破財窘迫。若稱心之際。偶爾添祿榮昌。大抵表直形端。言繁性躁。傲劣而可見愚濁。溫厚而深知機巧。鼠齒漏而多非。猴面長而不飽。黨結奸邪之輩。鼬似孫龐。締攀溫粹之流。義同管鮑。而況氣有煙露之象。色欺日月之明。或散或聚。或重或輕。察其優劣。審其性情。滯則三寸之希。喜則八卦之盈。黑既見於陰陽。身災無咎。青若有於年壽。官訟相縈。且夫肉不澤兮。競起旋途。語失常兮。徑趨冥路。腮昏暗而朝夕。鼻慘黯以旦暮。黃淺有遷變之喜。赤重有羈囚之苦。如絲貫準。知泣淚以煎憂。火氣侵眉。忌官非之恐懼。或有耳紅更好。唇紅愈奇。似波瀾之潔兮。顯則莫比。如脂膏之膩兮。破而可知。靜則求其望用。雜則阻其所為。鬢髮如拂鑑之光。欣然得祿。淡白若溫灰之狀。災喪求醫。誠哉富不在於衣冠。貴不專於儒雅。慕德修義者。固窮守道。方頞豐頭者。輕裘肥馬。的然聲不附形。而身處優游者。未之有也。

【驚神賦】

觀夫神堯眉分八彩。大舜目有重瞳。武帝有三漏耳。文王有四乳身。漢祖龍顏。宋玉驢耳。孔夫子河目海口。楚項羽燕頷虎頭。虞姬身似凝脂。陳平貌如冠玉。漢高祖左股七十二黑子。楚襄王掌中現出五花紋。前賢既有如斯。後世焉能無相。氣色乃行年休咎。骨格乃一世鎡基。三停平等。一生衣祿無虧。五嶽朝天。一世資財足用。

天庭高聳。少年富貴可期。地閣豐肥。晚景風光獨佔。口為水宿。定一生衣祿有無。鼻是財星。管中年窮通造化。眉清目秀。攀龍附鳳之賢。氣濁神昏。鞭馬牧羊之輩。髮際低而皮膚粗澀。終是貧窮。手指密而腳背圓肥。當為富貴。準頭豐大多為福。面肉橫生性必兇。智慧生於皮毛。苦樂觀乎手足。龜頭鼈腦。關門喫食之徒。羊目魚睛。緣木求魚之子。雙眸點睛。蓋世英雄。一點生臍。超群志氣。秋水為神玉為面。女人必作后妃。芙蓉如貌柳如眉。男子當為泉客。眼橫秋水鬢如鴉。月約星期。口似窑灶行似雀。東奔西走。亂紋生於口角。當餓死之亞夫。赤脈貫於瞳中。是難封之李廣。呂望耳毫紅細。石崇鼻孔圓收。廉頗兩眼尾以豎天（天庭）。鄧通雙口角而向地（地閣）。亞夫兩條垂下。文王一痣當胸。因形見心。足辨人之貴賤。聽聲察色。便知人之賢愚。嗟夫。露齒卓眉。豈作朝廷任用。攢眉撮口。難為台閣臣僚。鼠目獐頭。畢竟難登仕路。蜂腰燕體。如何去問功名。林泉有碧眼神仙。朝野無交眉宰相。名高玉冊。應知心廣體胖。身拜丹墀。蓋是天庭高闊。龍行虎步。將軍勇節制之臣。獅鼻龍睛。廊廟作股肱之佐。龜形鶴骨。樂道山林。雀步蛇行。遭官囹圄。逢凶有救。印堂靜而黑不侵。遇難無凶。福堂明而神不露。眼深骨起。至親恰似他人。邊地豐隆。非親即同自己。犬形豕視。常懷嫉妬之心。鴿眼蝦睛。不脫強櫟之性。下長上短。浪走他鄉。露齒結喉。難為眷屬。聞喜不喜。為金匱之有虧。當憂不憂。緣玉堂之朝拱。耳如紙薄。休望榮華。面似皮繃。莫言壽算。天庭高闊。得上貴以提攜。地閣傾斜。招下人之訕謗。若乃神與氣清。雖色滯而不貧。假如氣弱神枯。縱色明而何用。嗚呼。貧寒婦女。無非胸凸臀高。淫泆娼妓。一定身粗面細。殺夫聲出雄壯。好慾面帶桃花。背負眉提。唇掀齒露。倚門立戶。鼻仰唇掀。女兒刑傷。淚堂深黑。田園賣盡。井灶撩天。手腳搖動。平昔言而無信。承漿豐滿。晚年壽命有歸。紋理攢眉。年年不樂。雜紋貫印。日日多憂。說是說非。蓋為唇輕舌薄。不仁不義。亦因眉厚睛流。有福者手似綿囊。無福者唇如黑葚。女多子少。兩眉只看兩頭垂。父死母傷。額角方知生黑子。塵生滿面。其人不久前程。黑子人中。抱養他人之子。髭鬚拂右。定然妻弄夫權。行坐端莊。定是子承父業。若論運限。各部推之。細辨根基。各尋玄妙。賢愚壽夭。莫逃此篇。學者觀之。

【燭膽經】

人稟陰陽之正氣。形似天地以相同。而分金木水火土。色殃東西南北中。中聖雖有全德。造化終無全功。分清奇古怪之貌。班秀氣純厚之容。清者寒潭秋月。奇者聳壑喬松。古似嵯峨盤石。怪似峭壁孤峰。人能有此。富貴隆鍾。秀若深根直幹。異者舞鳳回龍。純如良金美玉。重如泰嶽華嵩。有一於此。爵祿非庸。陳平有冠玉之顏。身居九鼎。衛青有覆肝之額。食祿萬鍾。或三高六下而不等。或六勢三端而不克。

身有七尺之魁偉。而無一尺之豐隆。早年發福。中歲困窮。神昏氣滯。初主迍蹇。末主亨通。面粗身細者。多趨利達。身粗面細者。少吉多凶。道骨端圓。掇高科而登要路。鳳姿龍表。非世格而豈凡庸。玉枕分品字者。超群特達。伏犀貫頂門者。光祖榮宗。骨肉停勻者。財通胡越。身形粗滿者。壽不穹隆。天有陰陽寒暑。人有悔吝吉凶。皆出身形之外。超乎骨格之中。面部星辰如圓壯。時間氣色欲鮮明。日月侵於印堂。仕宦騰路。山根驛馬光顯。動用皆成。左額角偏。父必先亡。右額角陷。母必早喪。下長上短。始於憂勤。下短上長。終於逸樂。懸針印上。骨肉拋離。黑痣印堂。夫妻隔角。氣哭聲和。淺見易知。氣緩神利。深機莫測。面方耳大。官持一道之權。口大聲細。位至三台之列。顴骨入鬢。清貴玉堂。口弓朝天。姓名金闕。面無肉。口縮囊。孤寡破敗易飄蓬。淚堂陷。山根折。少懷惡信何曾歇。九醜者羈難。六反者滅絕。天庭牆壁而方。早有騰升。地角尖削而短。終無發越。魚尾深凹。男子多淫。奸門凸起。婦人少節。金匱光明。兒孫利益。眼下偏枯。妻子有刑。聞喜不喜。多因印綬之模糊。當憂不憂。乃有陰功而保免。行則搖頭。處事陰謀。坐則低首。為人詭譎。清奇拱應。少年龍虎榜中人。古怪藏神。終歲鳳凰池上客。體骨如油如鐵。鬼魅胞胎。肌膚似蘭似馨。非凡骨格。鶴形龜體。心靈變化若鵾鵬。龍腦鳳睛。浩氣凌摩於鵰鶚。手眼腳身帶破。未免徒刑。面耳鼻髮焦枯。必無餘剩。髮亂之人。仁義多疏。腮凹之漢。情性更虛。婦人骨起。陰反於陽定孤剋。男子肉絛。陽生於陰必夭壽。川紋印上。數損憂煎。水字如弓。終主愚頑。顴高頤突。剝削鰥夫寡婦。面藍色脱。靠子假妻窮漢。學者先宜熟觀此鑑。然後依各部相之。禍福有準。

【胡僧相訣】

凡人形相定有方。不見街頭在鋪廊。神凜凜。貌堂堂。地閣承漿更濟鏘。色雜神光都不見。直饒富貴也尋常。

【羅真人相賦】

貴賤前緣。何須怨天。山根斷而幼遭疾苦。頤額尖而老受迍邅。莫教言語淒鳴。必妨兒女。倘若耳輪反露。定破田園。開唇露齒。黑子多咎。切記承漿平闊。善能杯酒山林。井灶缺而乏食。印堂明而官休。體香必有官位。屍殖定知無壽。手短若蹄。昏迷可知。少資金人面塵土。多妻妾人楊柳眉。貧賤下卑。臥若屍而食若鼠。富貴榮重。坐如山而行若龜。虛步稀逢。鐘聲少遇。眼睛明白男聰智。頭髮稀疏婦刑剋。是以知碧油紅旆。因印堂廣而封衛青。眉秀閣黃。與額骨隆而王石勒。日月有角。不公即卿。行傍觀而定無子。倉陷唇縮應沒情。鶴形仙態。龜背壽形。骨明大方居頭。一生獲福。耳白長光過面。四海張名。胸高骨露。鼻竅毫長。唇齒露齦而子孫薄。獐目凸睛而兄弟少。舌上有兩條紅絡。食祿天倉。眉間有三道橫紋。死於兵刃。骨法雖備。榮年未至。技藝外巧。聰明內惠。骨重身輕。獲財之後。上長下短。官印得祿之位。幼而心亂。先卑而後榮。長而性悟。始貧而後富。雙眉入鬢。胸襟懷冠世之才。黑睛如環。蘊藉抱出群之器。有祿有壽。卻見三堂之貴。位極人臣。肉潤骨剛之秀。五嶽豐而貴永。三才缺而殍殃。項後露頰。田園廣而私佞多。眉散目黃。結喉露而子孫少。睡神入耳。祿承紫綬以何慮。龜息藏形。貴顯廟堂之半代。眉濃多滯。目在視而不可觀。下視偷窺。言潔冷而自判。目有四白而多義。忽低首者而殺人。神不藏而橫夭。口眼小而壽短。近觀內明遠視者大貴。耳大輪漫者壽永。雙眸有力者祿昌。耳竅有金絲。三寸貴而一寸富。目視有神光。陽左顯而陰右昌。前後不見耳雖貴。語言輕作必強。隨口和人者內空。低言頻語者內剛。陰頭有黶。位至侯伯豈非揚。雙手龜紋。祿慶終而官自久。時有先後貧富。睡易醒難。初中坎坷。白首孤單。目乏蓋而終身貧賤。耳無輪而眉若擔山。唇掀齒露。遭凍餓以何疑。縱口理紋。圖口食而寡聚。手足應紋。醫卜為術而妙道。喟嘆在口。平生一日不舒顏。披裘貴顯。榮祿優閒。有髮無髭。不可與之同侶。髭髯大密。得藝術以翻翻。髮鬢全美。有祿位而極壽。鬢下垂而口小。離鄉失業。頂平額廣。眼黃眼碧。為僧為道以高榮。受平生之福德。

【楊氏論神氣】

古而無神謂之露。露而無氣謂之孤。清而無神謂之寒。寒而無氣謂之亡。怪而無神謂之粗。粗而無氣謂之枯。奇而無神謂之薄。薄而無氣謂之弱。秀而無神謂之衰。衰而無氣謂之虛。異而無神謂之醜。醜而無氣謂之拙。端而無神謂之黯。黯而無氣謂之敗。

【心鏡歌、得意歌、富相歌、窮相歌、妍媸歌、相愚僻凶暴】

【心鏡歌】

大凡相法有兩般。須看三停端不端。五嶽四瀆要端正。一長一短不須論。額要闊兮鼻要直。口方四字豐衣食。頭圓象日照天庭。眉曲彎彎多學識。眉頭昂昂稟性剛。縱紋不使入天堂。下眼觀人多毒害。羊睛四白定孤孀。鼻曲之人多孤獨。項短結喉神不足。男面似女女似男。心中懷事多淫慾。眼眇微小有重睛。披緇學道有音聲。紅潤相兼秋水色。男人文學女多情。耳形雖小有輪廓。衣食自然多不錯。直須高聳平印堂（玄珠朝口內。上截平印堂）。定掛金章膺品爵。眉清秀而終不散。入鬢雲鬟多燦爛。若教散短又無光。兄弟斷然不相盼。唇要紅兮怕紫色。細潤分明富貴客。嘴尖唇薄招非辱。紫黑多傷凶暴厄。手要長。怕指劣。節紋紅紅如噀血。軟紅長細定高攀。形如鼓槌衣食難。眼睛露。口唇反。男憂犯盜女憂產。坐要端。立要直。不端不直人不識。先笑後語人非良。不言不語人難測。聲音細。語雖小。必在人間隨眾走。髻髮潤長如蓋漆。形似虎狼當貴職。哪堪紅紫短而乾。孤獨一生無福德。髮細長而黑且潤。不蓋天庭聰與俊。委曲拳旋若蓋垂。水色人情多少信。

【得意歌】

凡相於人有三般。三停須要端。陷損面部定貧窮。隆厚萬般通。山根見陷子孫少。義子來相叫。臥蠶豐滿多子孫。損破定無因。何為積穀多財住。眼下為財庫。日月角中見骨生。貴壽永長榮。面上顴骨有權衡。眾中最馳名。頭大須要地閣應。下尖無餘剩。地閣為宅又為田。肥厚富天然。天地若陷定窮途。終是一樵夫。耳輪須要三般厚。尖薄忙忙走。兩頭尖薄心中小。衣食終年少。兩耳兩眼俱兩般。父母異無端。左是假爺右假娘。細看不須忙。凡人衣食容易看。光澤面團團。火相火色真姿容。黑變定貧窮。貴人之形體不同。五嶽自然豐。黃氣紫氣頰中生。有財兼福德。一生好道眼中黃。赤氣必性剛。腦後有骨伏犀生。此是封侯因。若無相應即平平。衣食卻持均。印堂破時終少官。失職擾相干。更無牢獄兩邊勾。妻兒每為愁。徒刑之處有三般。印堂橫紋斷。第三更看天中紋。仔細定元因。天中印堂謂妻娘。破時損田莊。眉中直上有三紋。吃酒賭錢人。酒池若陷少酒器。肥滿能杯是。破陷少肉為坑池。因酒損身矣。又名法令壽帶長。富貴彭祖上。四十之年要法令。五十年須定。若無法令為中平。財食兩難便。凡相學堂有三端。三處一時看。三處拜將又轉官。兩處作公卿。學堂若無定少官。只作衣食斷。金型金色真為貴。有火終須滯（織也）。木型木色是三清。此必是文人。水型水色若分明。衣食自然成。火型火色多官災。災禍不曾停。土型土色部中看。衣食定無官。金木水火土五行。要金要水正。五行之部只怕偏。莫斷作官員。五行型中為古貌。古貌其中少。眼目顴骨勢見高。終是作賢豪。五行其中正色昌。無光終須旺。舉人來問科場事。天中黃色美天中。白氣須終滯。必主悲泣至。秋間是火定為殃。金火反為害。若無黃氣定無解。終是碌碌輩。冬間黃。春得官。終是樂且歡。天中印堂見國印。甲科分明定。山根準頭地閣黃。及第登科忙。冬月無黃不須行。免其禍患生。樓台之中見頭垂。腰曲面白死。五行之中見分明。眼昏終是貧。面見黑色及白氣。此是死須記。春間見有春間殃。萬事不相當。四季之中皆准此。樓台倒定死。唐符國印定來因。四邊牆壁應。唐符為大國星黃。只怕發中陽。國印為主定天宮。三陽逢火星。天中直下地閣排。終是見和諧。唐符國印為異説。赤氣分明別。赤者名符黃名印。不得外人聽。五行凡相不相人。風波受苦辛。國印紫色黃旗薦。定是轉官星。號名赦書不日到。罪者心中好。面如鍾馗應少子。至老孤獨死。口似吹火定絕嗣。飢餓日無餘。男面似女定家破。活計少人做。面如水洗犯天羅。官災非橫多。面如麵袋終是破。妻子不團坐。男帶桃花眼主淫。不免被奸侵。女人掩口掠眉頭。終是外人偷。大凡看人相部位。一一須仔細。面帶塵埃終是薄。心口多謀度。但作巧藝及師人。一一定無因。齒露結喉不足相。衣食終無旺。壽在中年不善終。終是主癲瘋。羊睛四白終是惡。徉死更無錯。雞睛蛇睛眼愛偷。日夜使心謀。貴人上下分長短。終是富貴看。腰薄頭尖終壽夭。衣食終年少。肥人不見肉為貴。瘦者神清是。骨粗皮粗終是破。至老招災禍。欲識多災似病人。一世守孤貧。似醉不醉神不足。看取五行位。多言多語似癲狂。老後少兒郎。眼下無肉不須問。心毒難言論。卻要相犯交個友。眼下臥蠶走。若是臥蠶終有常。碌碌小人當。頭尖額小不相應。只作蛇形狀。虎形虎腮三部圓。封祿富天然。眉長眼黑秀如鳳。四遠人相重。面小團團又見短。只作猿形斷。若也三般一體肥。定作犀形是。顴骨高起眼帶深。終是作猿形。頭小耳又小。雞形取最妙。頭大骨粗項又長。只作鶴形狀。頭輕項短嘴又長。只作龜形狀。萬般不離此樣看。形貌不般般。學者實然珍寶藏。不得外人揚。昔時唐舉玄妙理。遇者莫妄毀。凡對時流莫亂吟。言秘密謹似珠金。若人收得得意集。此法須收拾。價值千金句莫傳。世上有神仙。氣色之中有異般。四季休囚看。是事未會調清濁。豈解為人觀。七部之中形色全。生死氣顯然。依稀如常曲如鈎。凶惡辨根由。所別須分五色氣。另是先賢意。夏秋黑氣堂上起。侵入三陽位。似絲如蟻帶微茫。七七泉中鬼。若還赤色陽中起。枷鎖旬日至。白氣同侵黃與赤。全家人變白。黑色（氣也）

來侵中位隔。瘟病人難測。春夏秋冬准此言。不離此根源。天中黃氣主財榮。赤色是憂煎。二七家中主禍至。堂前見哭聲。紅紫若有同面上。渾家入鬼鄉。白氣如螺左右傍。不久上高岡。準頭似線赤如九。損財更損牛。滿面蜘蛛網眼生。白日臥荒墳。眉心赤氣貫三陽。七日妻病牀。昏花偶向天中起。尊親不日亡。奸門黃氣似雲生。偷淫切莫爭。又見奸門赤似鈎。五七配他州。太陽內外黑雲侵。野花在山林。青絲彷彿發三陽。兒孫不用詳。定取日辰三七日。滿宅火茫茫。若是貴人要轉官。旗庭紫氣端。黃氣如雲四七日。慢慢細詳看。先言有應如加職。連疊轉資官。驛馬部中同此斷。須是仔細看。炎炎之災古與今。六(缺)來臨。是事要知真訣處。赤子處山林。更兼魚尾連山起。火過災遠至。雲火之災有自來。牢獄青黃是。殷殷淡淡九十日。急斷三日遲。蛇虎所傷氣難見。三日入黃泉。山林一位青青色。枉死怨皇天。何以知人落水厄。寅申巳上頭白黑。如花點點死莫疑。二眼中黃白灰黃。定作路中亡。昏昏六七見三陽。身死少人扛。如癡如醉失魂人。多記莫言嗔。遠斷一旬近兩日。悲泣哭聲頻。客氣常在三陽上。家憂人繫項。黃居白氣起承漿。三日慎刀鎗。黑入奸門上墓門。子父同時喪。赤氣直從年上發。災禍急求拔。青黑連侵兩眼攀。五七離人間。又見赤從陽位發。三日葬高山。壽上紅絲垂法令。不免主虛驚。七旬災禍重重至。四遠盡傳聲。日月角中見黃氣。重重主財至。凡事求之無不遠。妻兒一宅喜。盜門青氣主憂官。非橫自相干。一月日中難捧子。子父不曾歡。牢獄青紋號死紋。枉死入丘墳。急定時辰三七日。沉香故不存。田宅黃雲日見生。家盛主昌榮。五七南方求進宅。百里盡傳聲。紅氣若居倉庫上。財帛自臨門。酒池赤色主官災。三日口舌來。劫門青氣主凶殃。一七見官方。多遲虎兔遭唇舌。修之主吉辰。廚帳黃雲不用看。唇舌立遭官。六旬之內憂災患。愁眉主不歡。白氣如絲入壽門。父子各離分。六七祝之修得過。不免自刑人。顴骨兩邊赤氣生。先來死弟兄。更慎一旬並七日。謀事主相爭。甲匱黃生紅紫氣。財寶時時至。印堂黃色似雲生。家宅重重喜。眉心赤氣主多災。定在七日來。更歸上墓印堂間。官事破錢財。父母山林紫氣生。名利達朝廷。多因投殺功名得。七七主官榮。陽赤山中連武庫。黑氣來相聚。如霧如煙左右旋。滿宅無情緒。山根青氣人難測。失財兼被賊。若是居官有此氣。七七須退職。或見如煙滿面生。數年不稱意。黃居印堂連武庫。六九入朝廷。嬰門玄壁青氣生。數年不稱意。又見黑雲同處起。剋爺妨兄弟。一年之內頻撓括。饑饉愛相爭。客舍少府黃門現。必位三公上。

三榮遷職八遷階。不免中書舍。商旅邊地及三女。青紫細看取。後先多記莫妄言。三堂黃財聚。祖宅荒墳青破家。災來自落花。不信直言一百日。一死臥黃沙。坑塹波池氣似鎗。為是黑紋長。急急直言三五日。死葬高岡上。赤白如螺準頭起。數年身不利。忽見高聲語不來。立便有迍災。面多青色笑無顏。久病在人間。眼前白練尤且可。準白災難過。白練如煙拂面生。數載招災禍。唐符國印紫氣生。非久處朝廷。駟馬重重發紫氣。朝命不日至。唐符駟馬國印生。紅黃定稱意。三日宣頭速夜天。勅召入朝廷。

【富相歌】

龍形及虎形。龜形與鶴形。鳳目獅子目。黑白自分明。眉濃如八字。口方四字平。耳輪皆貼肉。手足紋理縈。登高如五嶽。齊整於三停。舉頭兼視正。開口響鈴鈴。骨格能平正。皮膚自滑凝。心神如鎮石。口肉自香隆。廣學如無學。憂驚不自驚。隱然色滑淡。神氣迫清清。更欲看心相。元來肉有明。腦邊居五骨。胸上點三星。腦上通紋理。頤邊骨肉盈。手中有黑子。足下踏龜成。餐啜如龍虎。如龜理步行。秀從元氣足。紫氣抱胎生。不怒人皆畏。含嗔不欲爭。等閒無處捨。當世不崢嶸。語媚令人愛。喉嚨似鼓聲。睡眠如伏虎。夢寐有真徵。是可皆先兆。心神似有靈。縱然連禍難。終有福神並。

【窮相歌】

頭骨無稜角。髮拳黃落索。眉散眉心交。眼睡眼皮薄。鼻斜孔雙露。目小唇掀薄。牙齒疏黃尖。音聲散台鐸。兩目不相同。耳內無輪廓。兩頤尖復斜。鬢髮皆交錯。夜睡開眼眠。晨朝困冥寞。不醉似醉人。不病形如惡。不愁似愁多。不忙常霍索。結喉骨太多。骨前骨寥落。肚臍凸多露。乳頭如泰嶽。皮血太粗疏。豎起於肩膊。手內無紋理。腳步如行雀。餐飯羹不珍。口中滋味惡。飲酒未三杯。言辭盡交錯。時聞抵對人。眼目似東郭。若與人知聞。三好即兩惡。背面是非人。言語難度着。看人如視地。結交無宿諾。抵對少精神。行步多虛霍。聞人失即歡。見人得不樂。何用相精神。此人心相惡。

【妍媸歌】

妍媸歌訣不尋常。貴賤榮枯有陰陽。南北東西風土異。必須參究要相當。若論此相有十法。先相三停與短長。次觀骨法又顴額。三看神清露昏光。四聽聲響亮焦破。五視行輕重緩忙。六見坐立身偏正。七推心事善和強。八定星曜美與惡。九察部位豐與陷。十背胸腹手足隆。厚薄窄狹有低昂。若能依此十法相。禍福妍媸自昭彰。

【相愚僻凶暴】

目細而深名隱僻。下斜偷視亦如然。人中正廣及狹下。笑冷無情露兩顴。突然項後肉且起。靜坐不言口自褰。搖頭弄舌胸堂窄。寐語狂言豈是賢。眉斜如草豎還長。皮肉橫生性暴剛。睫下看人神反射。豺聲蜂目鮮神光。鳶眉虎吻並長鷙。赤縷於瞳氣不臧。音似破鑼枝幹折。心多奸賊主凶亡。

【相法元賦】

夫人稟天地陰陽之氣。輕清重濁之形。雖秉彝之本同。肖容貌之非一。蠢蠢群生。按五行而取像。紛紛品彙。列八卦以開基。驗風土之厚薄。產人物之賢愚。是以頭圓兮象天於上。足方兮似地於下。聲音比雷霆之遠震。眼目類日月之普明。鼻額如山嶽峻聳。血脈似河海汪洋。毛髮兮譬草木之秀麗。骨節兮喻金石之壯堅。相貌有異。貴賤不同。量肌肉之輕重。揣骨格之充隆。問其年甲高下。知其運限興衰。端造元機。當觀次第。蓋先觀其額而別其眼。然後察其形而聽其聲。觀其人則知其氣色。知其相則知其賢愚。苦樂觀乎手足。智慧生於皮毛。貴賤難逃於藻鑑。災祥瞭若於筮龜。四瀆須宜深與闊。五嶽必要穹與隆。五嶽不明白。富而不貴。四瀆不端正。貧而且賤。五官欲其明而正。六府三光明旺。財自天來。六府高強。富多聲譽。體魁面墨。祇為固執不通。通細身輕。哪見停留片瓦。天地必相朝揖。嶽瀆勿要傾欹。五嶽相朝。仕路早登於金闕。四瀆俱美。顯官正守於邊陲。四倉豐盈。而玉簪珠履。九州平滿。而金鎖銀匙。發越覩乎神氣。厚實視乎面皮。貌古形殊。富格先觀於兩頰。神清睛爽。秀麗早見於雙眉。面貌厚實。坐立如虎。背膊豐起。氣息如龜。肌膚粗澀少光。終無安逸。骨氣重濁無神。老不安康。部位無虧。一生平穩。骨格若奇。終須貴達。三停平等。此生衣祿恆豐。五嶽朝歸。今世錢財自旺。骨法旋生。形容忽變。遇吉則推。有凶可斷。形容古怪。石中有美玉之藏。人物巉巖。海底有明珠之聚。五嶽俱正。人可延年。七竅不明。壽難再久。賦性粗惡禍必及。修德惕厲熾而昌。人形似鬼。衣食不豐。生相若仙。娛情自樂。三山突闊。萬頃規模。四瀆清明。終生福氣。骨粗形俗。其人老困山林。貌異形殊。此輩遠超雲路。骨重身輕。智足抱才之俊。上長下短。官印得祿之位。形似豬肝。必定剋妻害子。身粗面細。定然孤獨貧窮。身宜肥闊平正。扁不合相。體若下長上短。吉且難言。要知剋子害兒。必是眼下無肉。設若孤貧奸詐。必定鼻頭尖斜。臥蠶平起。後嗣相從。眉毛若旋。兄弟亦眾。英豪幼歲。喜見額角崢嶸。衰困中年。定是風門昂露。露齒多危。結喉大忌。男子如此。骨肉分離。女人如此。妨夫絕子。眉橫一字。此人足義愛人。印上雜紋。若輩難逃刑法。看破奸貪詭譎。由來語似黃鶯。欲知富貴聰明。須得眼如黑漆。口如四字。唇似硃紅。雙角朝於天倉。便是公侯之位。兩眉高而耳聳。必有官祿之榮。看府庫須要六處不陷。相五嶽必當五官無虧。在僧道則出入千人之上。在仕途則位至一品之封。光耀兩瞳。粟陳貫朽。絲浮雙馬。役志勞形。善人惡眼。妻孥亦可成殃。漆而銀牙。技藝多能廣譽。禍生不測。必有青聚於印堂。位忽超陞。定見黃浮於年壽。痣出頷前。以言取禍。印生掌內。因貪得財。眉間青白交加。作事成而復敗。倉上糠粃堆積。家業散而久空。眉清而平。生性無偏無黨。睛明而轉。處世知變知機。地閣厚而多田宅。天倉潤而實根基。家肥屋潤。膊厚而肥。鬢虛釜塵。肩寒而削。聽其聲而知其滯與不滯。察其神而觀乎離與不離。無神者必壽夭。無聲者必命危。聲韻似破鑼。終身形濁。神清如閃電。才學眾推。眼露睛凸。性剛氣暴。色昏神散。夢逐魂飛。雙眸點漆。蓋世英雄。一點生臍。超群志氣。秋水為神白如玉。女人必配君王。芙蓉如面柳如眉。男子當為珪璧。眼橫秋水鬢堆鴉。暮赴朝求。鼻似灶凸行似雀。東奔西走。獸耳下垂。獅鼻隆起。髮絲細而染漆。口方厚而含丹。眼湛含波。而分明清媚。眉彎秋月。而疏淡秀長。語無囁聲。笑不露齒。腹垂而腰厚。肩圓而背平。人中長而井竈明。山根厚而倉庫滿。三方皆正。五嶽俱全。言簡宜清。若流泉之響秋谷。坐端又直。如釘石而起浮雲。卓然出類拔萃。定為權柄均衡。貴人頭上少髮。小人身上無毛。朝廷無交眉宰相。林泉無碧眼神仙。額角豐隆。可許終身廊廟。承漿平滿。善能杯酒山林。井竈缺而乏食。印堂暗而官休。體香必有官位。屍殖定知無壽。手短若蹄。昏迷可知。指尖如筍。聰敏何捷。鶴形仙態。龜背壽形。眉濃壓眼。性深慮而常憂。視下偷窺。言僥險而每刻。目有情而多義。首忽低而殺人。精神不藏者虛花。口眼若凸者壽短。男心狠而害子。女性剛而殺夫。聲乏韻而貧夭。目有神而高壽。威顯體重者。功名必遂。背削肩寒者。資財莫守。格局察乎雜與不雜。氣色觀乎移與不移。形象取乎彷彿。禍福不差毫釐。斜視偷觀者。自然損害。下視高窺者。必致刑傷。且如失志之時。堪嗟破財窘迫。設若稱心之際。實因富福榮昌。大抵表直形端。言潔性躁。傲劣而可見形濁。溫厚而深知機巧。鼠齒漏而多非。猴面長而不飽。傷殘骨肉。須知眼下淚痕。剋害親情。偏忌怒中喜色。齒方而密。聰明勤讀詩書。目潤而長。志氣可通今古。唇若掀翻。言語虛而懷奸詐。眼若深露。詭詐大而蘊強樑。擇交在眼。眼惡者必無情。眼露者必無心。聰明在指。指尖者必多智。指禿者必多愚。問貴在額。問富在鼻。問壽在神。求全在聲。四民內。三教中。聲亮者必成。不亮者無終。眼五分。神主眼。秀而正。細而長。定而出。出而入。上白多必奸。下白多必刑。視久不脫。遇變不知。眉清目秀者貴。誰知有極清媚秀之嫌。豐背鵝行者富。須信有肉背屍行之異。司空黃內隱黑。財上訟興。附耳白中閃紅。虛驚財進。行來幾度傷懷。躁急而難與同樂。別去三番回首。多疑而莫與同憂。見人神色數變者。心險言輕。非多疑則膽怯。聽言已盡未知者。心馳病至。非改常則奸險。準頭一點紅侵壽。回祿須防。唇上數莖青入口。河伯催促。準頭黃色透天庭。倉馬仍開者多高擢。印堂紅潤映眉鬢。額顴獨白者定超陞。神清氣爽而色潤。喜逢險地。愈見奇特。神奪氣移而色昏。雖遇好方。亦遭艱苦。語對人眼不對人。心疑而志則專。終非好相識。口就食食不就口。性貪而家必破。定喪溝壑中。眼慈者疏財。財不聚而不缺。睛黃者横財。財雖多而禍侵。腳跟不落地。面皮青薄者。必見敗產。說話多頭緒。視瞻不一者。終遭禍刑。三十前天庭角印。印獨為先。四十前天倉眉眼。眼尤為最。四十後至五十。鼻顴準頭。最怕露骨薄皮。五十後至七十。頤口齒頬。必要鬚清髭秀。眉壓眼。頤侵顴。妻奪夫權。左奸黑。右眉高。妾攘妻位。步垂頭。坐抖足。笑如哭。睡開目。不奸則孤。睛淡黃。肩聳昂。口開張。語不揚。非貧即夭。婦人重德。不媚不輕。不雄不躁。幼兒易養。眼足骨堅。聲健囊黑。女命偏長。只為身肥而瘦。妓娼淫泆。蓋因面細身粗。身肥肉重。得陰相而反榮華。面圓腰肥。類男形而亦富貴。大抵眼欲上下胞。鼻欲圓而光。眉露不露骨。眼露不露光。行路不露背。立住不露肩。若夫行步緩重。當為仁德。更知坐視端莊。必為福相。神要藏而威不露。色要正而氣要清。或形清而有後福。或貌古而有前程。不以美貌而言好。不以鬼怪而言凶。更看四時氣色。春青夏赤。秋白冬黑。順者順水行舟。反者反招災禍。

【唐舉玄談神妙訣】

入眼先知訣。還觀起坐中。語遲當貴顯。步促主孤窮。犬目應須遠。雞眸莫與逢。項偏多蹇困。頭小必飄蓬。骨露財無剩。腰圓命早通。形寒身且薄。離祖各西東。

【西岳先生相法】

好頭不如好面。好面不如好身。先要三停相稱。五官六府相成。眉秀眼長富貴。色明印淨功名。口似含丹不賤。切防唇上縱紋。法令入口餓死。交眉必定多迍。羊眼蛇睛人必毒。毫生眉耳壽源增。眼下肉枯妨子。頭偏腦陷傷親。且觀和尚道士。必定貌古神清。眉粗眼小福薄。眉小眼大多貧。眉高眼深人狠。更兼赤脈貫睛。開眼瞳人神露。更兼夢裏多驚。下唇過上貧苦。上唇蓋下伶仃。行看腳步陰毒。堂無紋理遭刑。眉卓如鎗貧賤。口大不合人貧。面細身粗何用。口角下垂無祿。準頭黃色多欣。鼻酸人不入相。皺眉人不聊生。口聚浮生汩汩。耳尖食祿多輕。眉垂多為僧道。穀道澀者為榮。呂后陰毛過膝。李牧神采射人。呂布身長七尺。叔敖陰德添齡。世上有福有壽。腹垂胸闊臍深。次看腳跟有後。又看其後有根。如此當為壽考。龍鍾鶴髮之人。陰上無毛淫賤。乳小不黑孤貧。女子面上黑子。不為妨害風塵。皮緊面緊肉緊。小兒必喪青春。氣促語言不接。指日必見閻君。頭上餘皮餘骨。男兒出眾超群。

【石室神異賦】

五代間有聖人陳摶。宋太祖賜其號。曰希夷先生。師麻衣學相。諭以冬深擁爐而教之。希夷如期而往。至華山石室之中。不以言語。而度與希夷。隱而授之也——

【賦云】

相有前定。世無預知。非神異以秘授。豈塵凡之解推。若夫舜目重瞳。遂獲禪堯之位。重耳駢脅。果興霸晉之基。發石室之丹書。莫忘吾道。剖神仙之古秘。度與希夷。當知骨格為一世之榮枯。氣色定行年之休咎。三停平等。一生衣祿無虧。五嶽朝歸。今世錢財自旺。頦為地閣。見晚歲之規模。鼻乃財星。管中年之造化。額方而闊。初主榮華。骨有削偏。早年偃蹇。目清眉秀。定為聰俊之兒。氣濁神枯。必是貧窮之漢。天庭高聳。少年富貴可期。地閣方圓。晚歲榮枯定取。視瞻平正。為人剛介平心。冷笑無情。作事機心內重。準頭豐大心無毒。面肉橫生性必兇。智慧生於皮毛。若樂觀乎手足。髮際低而皮膚粗。終見愚頑。指節細而腳背肥。須知俊雅。富者自然體厚。貴者定是形殊。南方貴臣清高。多主天庭豐闊。北方公侯大貴。皆由地閣寬隆。重頤豐額。北方之貴且強。駝背面田。南方之人富而足。河目海口。食祿千鍾。鐵面劍眉。兵權萬里。龍顏鳳頸。女人必配君王。燕頷虎頭。男子定登將相。相中訣法。壽夭最難。不獨人中。惟神是定。目長輔采。榮登天府之人。神短無光。早赴幽冥之客。面皮虛薄。後三十壽難再期。肉色輕浮。前四九如何可過。雙條項下。遇咎而愈見康強。凡骨頂頭中。有疾厄而終無艱險。骨髮旋生。形容忽變。遇吉則推。逢凶可斷。常遭疾厄。只因根上昏沉。頻遇吉祥。蓄謂福堂潤澤。淚堂深陷。蠹肉橫生。鼻準尖垂。人中平滿。剋兒孫之無類。刑嗣續之難逃。眼不哭而淚汪汪。心不憂愁眉縮縮。早無刑剋。老見孤單。面似橘皮。終主貧窮。神帶桃花。也須兒晚。肩峨聲泣。不賊則孤。鼻若樑低。非貧則夭。富貴多生勞漉。為下停長。貧窮到老不閒。粗其骨格。星辰失陷。部位偏虧。無隔宿之儲糧。有終身之勞苦。三光明旺。財自天來。六府高強。一生富足。紅光滿面。發財家自安康。朱脂砑光。剋子終無成日。面皮太急。雖溝洫長而壽亦虧。兩目無神。縱鼻樑高而壽亦促。眼光如水。男女多淫。眉卓如刀。陣亡兵死。眉生二角。一生快樂無窮。目秀冠形。管取中年遇貴。黃氣發從高廣。旬日內必定轉官。黑白橫自三陽。半年期須防損壽。奸門青慘。必主妻災。年壽赤光。多生膿血。白氣如粉。父母刑傷。青色侵顴。兄弟唇舌。山根青黑。四九前後定多災。法令繃纏。七七之數焉可過。女子眼惡。嫁即刑夫。聲殺面橫。閨房獨宿。額尖耳反。雖三嫁而未休。顴露聲雄。縱七夫之不了。額偏不正。內淫外貌若無。步走不正。外好而心中最惡。腮見耳後。心地狡貪。眼惡鼻勾。中心險惡。腳根不着地。賣盡田園走他鄉。鼻竅露而仰。卒被外災。而終旅舍。唇不蓋齒。無事招嫌。溝洫露髭。為人少力。印堂太窄。子晚妻遲。懸壁昏暗。人亡家破。結喉露齒。骨肉分離。粗骨急皮。壽年短促。形容俊雅。終作高賢。骨格清奇。必須貴顯。臥蠶豐下。定子息之晚成。淚堂平滿。須兒郎之早見。龍宮低黑。嗣續難得而愚昧。陰陽眼潤。男女易養而聰明。面大鼻小。一生常自歷艱辛。鼻瘦面肥。半世錢財終耗散。邊地四起。過五十始遂亨通。輔骨隆高。纔三九則居官從。明珠出海。太公八十遇文王。火色鳶肩。馬周三十逢唐帝。鶴形龜息。洞賓之遇仙得仙。龍腦鳳睛。玄齡之拜相入相。法令入口。鄧通餓死野人家。螣蛇鎖唇。梁武餓死台城上。虎頭燕領。班超封萬里之侯。虎步龍行。劉裕至九重之位。山林骨超。終作神仙。金城胃分。限登將相。又當知貴賤易識。限數難參。訣生死之期。先看形神。定吉凶之兆。莫逃氣色。睛如魚目。速死之期。氣若煙雲。凶災日至。形如土偶。天命難逃。天柱傾欹。幻身將去。貌如鏤鐵。運氣迍邅。色若祥雲。前程亨泰。名成利遂。三台宮俱有黃光。文滯書難。兩眉頭各生青氣。黃氣少而滯氣重。功名來又不來。青氣少而喜氣多。富貴至而又至。滯中有明。憂而變喜。明中有滯。吉而反凶。正面有紅光。無不遂意。印堂多喜氣。謀無不通。年壽潤明。一歲平安。金匱光澤。諸吉鼎來。部位無虧。一生平穩。氣色有滯。日見凶迍。形容古怪。石中有美玉之藏。人物巉巖。海底明珠之聚。要之一辨其色。次聽其聲。更察夫神。再觀乎皮肉。不可忽也。眉毛拂天倉。出入近貴。印堂接中正。終須利官。呼聚唱散。只因雙顴竝起於峰巒。引是招非。蓋謂兩唇不遮乎牙道。狼行虎吻。機深而心事難明。猴食鼠餐。鄙吝而奸謀到底。頭先過步初主好。晚景貧窮。灶仰撩天中限敗。田園耗散。女人耳反。亦主刑夫。男子頭尖。終無成器。觀貴人之相。非止一途。察朝士之形。俱要四大。腰圓背厚。方保玉帶朝衣。骨聳神清。定主威權忠節。伏犀貫頂。一品王侯。輔胃插天。千軍勇將。形如豬相。死必分屍。眼似虎睛。性嚴莫犯。鬚黃睛赤。終主横屍。齒露唇掀。須防野死。口唇皮皺。為人一世孤單。魚尾多紋。到老不能安逸。二眉散亂。須憂聚散不常。兩目雄雌。必主富而多詐。面多斑點。恐非老壽之人。耳有毫毛。定是長生之客。腳背無肉。必主孤貧。胸上生毛。性非寬大。莫教四反五六。必主凶亡。更忌神昏八九。也無稱意。天庭高闊。須知僕馬無虧。地閣方圓。必錢財堆積。臉上青光汲汲。貪婪孤貧。準頭赤色重重。奔波詭計。圓融小巧。畢竟豐亨。方正神舒。終須穩耐。手腳粗大。難為富貴之徒。齒鼻齊豐。定享莊田之客。手軟如綿。閒且有錢。掌若血紅。富而多祿。眉抽二尾。一生常自足歡娛。根有三紋。中主必然耗散。耳白過面。朝野聞名。神稱於形。情懷舒暢。足生黑子。英雄獨壓萬人。骨插邊庭。威武名揚四海。聲自丹田下出。有福而享遐齡。骨從腦後橫生。發財且增長壽。地庫光潤。晚景愈好而得安閒。懸壁色明。家宅無憂而多喜慶。土星薄而山林重。滯氣多災。前相好而背負虧。虛名無壽。陰鷙肉滿。福重心靈。正而骨開。粟陳貫朽。鬢毛毬織。或先富而後貧。筋若蚓蟠。定少閒而多厄。眉稜骨起。縱有壽而孤刑。項下結喉。恐無兒而客死。眼如雞目。性急難容。步若蛇行。毒而無壽。色青橫於正面。喚作行屍。色黑橫於耳前。名為奪命。青遮口角。扁鵲難醫。黑掩太陽。盧醫莫救。白如枯骨。亦主身亡。黑若濕灰。終須壽短。貧而恆難。只因滿面悲容。夭更多災。蓋謂山林薄削。平生少疾。皆因月孛光隆。到老無災。大抵年宮潤澤。血不華色。少遂多憂。行不動身。積財有壽。神光滿面。富貴稱心。鬼色見形。貧秋度日。病奄目閉。有神無色者生。神脱口開。天柱傾欹者死。五嶽俱正。人可延年。七竅不明。壽難再久。華蓋黑色。必主卒災。天庭青色。須防瘟疫。赤燥生於地閣。定損牛羊。青白起於奸門。禍侵妻妾。三陽火旺。必主誕男。三陰木多。定須生女。流魄放海。須防水厄之災。游魂守宮。定主喪身之苦。道路昏慘。防跌蹼之災。宮室燥炎。恐火湯之咎。耳根黑子。倒死路旁。承漿深紋。恐投浪裏。眼堂豐厚。亦主貪淫。人中偏斜。亦多刑剋。鬼牙尖露。詭譎奸貪。神若崢嶸。凶豪惡死。人形似鬼。衣食不豐。生相若仙。平生閒逸。縠道亂毛。號作淫杪。耳根高骨。名曰壽堂。骨格精神。瘦亦可取。肉地濁浮。肥何足誇。目多四白。主孤剋而凶亡。鼻有三凹。必貧窮而孤苦。三尖六削。縱奸巧而貧賤。四方五端。雖不謀而富貴。腿長腳瘦。常年奔走不停。唇薄口尖。好說是非無了。部位伶俐。自然無禍無災。紋痣交加。到底有嗟有怨。峨肩鼠食。非惟吝而且貪。劍鼻蜂睛。不特凶而又賤。若夫孩童易養。聲大有神。夭折難成。腎浮不緊。頭圓骨聳。易養而利益雙親。額方面闊。無險而吉祥迭至。山根青色。出胎而頻見災厄。年上黑光。幼歲多生膿血。陽囊若荔殼。定為堅耐之兒。面肉類浮漚。決是虛花之子。頭尖無腦骨。能言而亡。目緩少精神。將行而死。色緊肉實。可養無虞。聲響氣清。端為穎異。鼻樑低塌。常生啾唧之災。髮際壓遮。定是孤刑之子。髮齊額廣。英俊聰明。氣短聲低。糊塗夭折。外郊插額。利處山林。正面無權。難居宅舍。孤峰獨聳。骨肉參商。四尾低垂。妻兒隔角。亂紋額上。男女竝生孤刑。黑痣淚堂。子息恐云有剋。眉不蓋眼。財親離散之人。眼大露睛。壽促夭凶之子。上輕下重。末主伶仃。上闊下尖。終無結果。額尖鼻小。側室分居。喉結腳長。終臨外處。有權有柄。皆因兩臉有權。無識無能。只為雙眉不秀。身白過面。衣食豐盈。神賽於形。莊田榮足。男兒腰細。難主福財。女子肩寒。孤刑再嫁。頭大額大。終主刑夫。聲粗骨粗。竟為孀婦。眼光口闊。貪淫求食之人。擺手搖頭。詭濫刑夫之婦。髮濃鬢重。兼斜視以多淫。聲響神清。必益夫而得食。山根不斷。必得賢夫。部位停勻。應招貴子。骨格細膩。富貴自主清閒。髮鬢粗濃。勞苦終為貧賤。皮膚香膩。乃富室之女娘。面色端嚴。必豪門之德婦。髮細光潤。稟性溫良。神緊眼圓。為人急躁。二顴高凸。刑夫未了期年。兩耳反薄。剋子終無成日。手粗腳大。必是婢婆。鼻尖額低。終為侍妾。臥蠶明潤而紫色。必產貴兒。甲匱豐腴而黃光。終興家道。婦人口闊。先食莊田而後貧。美人背圓。必嫁秀士而得貴。身肥肉重。得陰相而反華榮。面圓腰肥。類男形而亦富。乾姜之手。女子必善持家。綿囊之拳。男子定興財產。頭小腹大。一生不過多食。胃少肉多。三十焉能可過。眉粗眼惡。頻數刑夫。聲雄氣濁。終無厚福。眼光如醉。桑中之約無窮。媚曆漸生。月下之期難定。面如滿月。家道興隆。唇似紅蓮。衣食豐足。山根黑子。若無宿癡必刑夫。眼下皺紋。亦主六親冰炭。齒如榴子。衣食豐盈。鼻若灶門。家財罄盡。形如羅漢。見子必遲。貌若判官。得兒尤晚。三山凸闊。萬頃規模。四瀆清明。終生福氣。形清神濁。不久貧窮。人小聲洪。定須超越。頭面寬厚。福祿雙全。神氣澄清。利名雙得。面皮綳緊。壽促無疑。骨格恢弘。前程可靠。少肥氣短。難過四九之期。唇縮神癡。焉保三旬之厄。形體侷促。作事猥瑣。氣宇軒昂。一生快順。鼻樑露骨。名為破祖刑家。背脊成坑。號曰虛花無壽。鼻有三曲。不賣屋則賣田。面見兩凹。必成家而成業。獐頭鼠目。何必求官。馬面蛇睛。須遭横死。睛青口闊。文筆高人。面大頤豐。錢財滿屋。語言多泛。為人心事難明。貌容溫和。作事襟懷灑落。骨粗髮重。何曾剩得一錢。體細身輕。哪得停留片瓦。巨鰲入海。必作尚書。龍骨插天。應為宰相。日月角聳。必佐明君。文武雙全。定為刺史。眼若三角。狠毒孤刑。鼻帶兩凹。破財疾苦。骨輕手硬。必是庸常。眉秀神和。須知閒雅。聲乾無韻。何得榮華。膚澀少光。終無安逸。

凶歸十惡。皆眼下睛黃。死在九州。蓋謂齦披唇膘。形神不蘊。貧夭兩全。筋骨莫藏。懦愚雙得。眼光嘴翹。為人執拗不良。齒齧頭搖。其性奸貧無比。得意中面容悽慘。先富後貧。遭窘處顏貌溫和。早窮晚發。金型得金局逢土。可比陶朱。木型人。火型人。水型人。金型人。土型人。土局得土型見火。有如王愷。金人火旺。財發若塵。木旺金傷。錢消如土。火逢光采帶紅活而愈進家財。火逢黑肥。得厚圓而倍增福壽。火人帶木。必得榮超。水局得金。終須快暢。土逢乙木。帶潤澤亦可疏通。木遇微金。必斲削方成器用。水逢厚土。忽破資財。火得微金。卒難進益。當觀氣色之往來。看紋痣之吉凶。更審運限之長短。額為火宿。管前三十載之榮枯。鼻乃財星。遇中五六年之休咎。承漿地閣。管盡末年。髮際印堂。周維百歲。平生造化。當首取於四強。人世玄機。須先觀夫三主。氣色明潤。固為快順。限步崎嶇。亦多蹇利。頭尖額窄。固不可以求官。色慘神枯。兼何由而發跡。眼光如鼠。似偷盜之徒。睛竄若獐。如橫死之漢。眼凸如蜂。亦主凶刑。口扁似鯰魚。終須困乏。為僧者頭圓必貴。作道者貌清可榮。頂凸頭圓。必住名境。神清骨秀。須加師號。重頤碧眼。富祿高僧。廣額秀眉。文章道士。耳白過面。善世之封。顴聳印平。天師之爵。形貌扁促。

庸俗之徒。聲骨澄清。富貴之輩。骨粗形俗。其人老困山林。形異神殊。此輩遠超雲路。腰背豐滿。衣鉢有餘。鼻準直齊。富貴自足。髮鬢濃重。合道貌聲響始榮。眉目平直。入僧相為貴。視瞻不正。必定好淫。舉止多輕。須知貧賤。眼若桃花光焰。但圖酒色歡娛。面如灰土塵朦。定主家財破敗。若論限運。與俗一同。細辨根基。各求其妙。人生富貴。皆由前世修行。七處貧窮。盡是今生作惡。若問前程。先觀乎氣色。欲求仙兆。次則辯其形容。先以五嶽為根基。後以氣色定禍福。大則活人性命。小則救人難厄。不為世見陰功。亦作來生道果。志超雲外。上合天機。壽夭窮通。莫逃相法。富貴貧賤。奚出此篇。後之學者。勿傳庸俗。高山流水少知音。一塌白雲在深處。悉精妙理。參透玄關。得之於心。應之於目。一覽無遺。方知神異賦之不誣也。

【張行簡人倫大統賦】

貴賤定於骨法。憂喜見於形容。悔吝生於動作之始。成財在乎決斷之中。氣清體羸。雖才高而不久。神強骨壯。保遐算以無窮。顏如冠玉。聲若撞鐘。四瀆最宜深且闊。五嶽必須穹與隆。一官成。十年貴顯。一府就。十載富豐。房玄齡龍目鳳睛。三台位列。班仲昇燕頷虎額。萬里封侯。英眸兮掣電。豪氣兮吐虹。若賦性兇惡禍必及。如修德惕厲祿永終。上長下短兮。萬里之雲霄騰翼。下長上短兮。一生之蹤跡飄蓬。惟人禀陰陽之和。肖天地之狀。足方兮象地下。頭圓兮似天為上。音聲比雷霆之遠震。眼目如日月之相望。鼻額若山嶽之聳。血脈如江河之漾。毛髮兮草木之秀。骨節兮金石之壯。欲察人倫。先從額上。偏狹兮賤夭足惡。聳闊兮富貴可尚。若見伏犀之骨起。定作元臣。如有握刀之橫紋。決為上將。右偏妨母。左偏父喪。山林豐廣多逸豫。邊地缺陷足悽愴。覆如肝而立如壁。壽福實繁。聳若角而圓若環。食祿無量。塵蒙而身無所資。玉潤而名高先唱。豐隆明者。生必早達。卑薄暗者。死無所葬。福堂之上氣黯慘。幼歲多迍。驛馬之前色黃光。壯年受貺。色貴悅懌。紋宜舒暢。貧薄孤獨。曲水漫浪。居侯伯者。偃月之勢。處師傅者。懸犀之象。鼎足三峙。列三公以何疑。牛角八分。廁八位而無妄。觀夫眉宇寬廣。心田平坦。狠愎者低凹其骨。狂狷者陡高其稜。麤厚魯腮。秀濃慧明。短不及目者貧賤。長能過目者寵榮。眉散者資財難聚。頭交者身命早傾。中心直斷惠性少。兩頭高仰壯氣橫。毛直性狠。毛逆禍生。覆目軟柔而少斷。偃月高揭而好爭。眉促無開。傷蜉蝣之短晷。毛長及寸。享龜鶴之遐齡。十字高品。天文大亨。作坤字者。祿二千石。成土字者。將百萬兵。列土分茅。由五田之高朗紆朱曳紫。蓋水鳥之圓成。欲察神氣。先觀目睛。賢良澄澈。豪俊精英。性端正者平視無頗。情流蕩者轉盼不寧。黃潤定至於黃髮。白乾終至於白丁。顧下言徐。叔向知其必死。視端趨疾。魏主見乎得情。神陷短壽。睛凸極刑。斜盼者人遭其毒。癡視者自剋其形。淫眼神蕩。姦心內萌。睡眼神濁而如睡。驚眼神怯而如驚。病眼神困而如病未癒。醉眼神昏而如醉不醒。豁如視而有威。名揚四海。逌然驚而不瞬。神耀三清。皆圓者。其機深於城域。堂露者。乃子是螟蛉。犬羊鵝鴨何足算。雞鼠猴豬奚可憑。豕視心圓而無定。狼顧性狠而難明。後尾有如刀裁。文斯博雅。前皆似乎曲鈎。智足經營。惟女賦質。與男異禎。和媚有常者貴重。圓凸不秀者輕賤。臉赤而少節。睛瑩澈而多貞。眼下氣青夫必死。尾後色白男必憎。三角多嗔。為妨夫之霜刃。四白帶殺。作害子之青萍。惟耳者。主聲音之聽聞。為心腎之司牧。觀其形狀顏色。見乎休咎榮辱。垂珠朝海。必延算以餘財。偃月貫輪。終朝王而執玉。圓而成者和惠。偏而缺者慘酷。其薄如紙兮貧早死。其堅如石兮老不哭。白或過面。主聲譽之飛騰。瑩且如輪。主信行之敦篤。似豬者。不聰而貪婪。如鼠者。好疑而積蓄。輪廓雖明。假學則貴。孔毛能長。善持不覆。性譎詐而難測。蓋為如猴。糧匱乏而靡充。率由似鹿。薄而向前。賣盡田園。反而倒後。居無室屋。昏暗難議乎登第。焦枯屢歎其空軸。壽越眉兮貴噀血。聰明兮富貼肉。輪廓生乎黑子。智足經邦。門戶起乎匿犀。功當剖竹。惟鼻高者。號嵩嶽以居中。為天柱而高矗。樑貴乎豐隆貫額。色貴乎瑩光溢目。竅小慳劣。頭低孤獨。斜如芰藕之狀。困乏瓶儲。圓若懸膽之形。榮食鼎餗。青黑多凶。黃明廣福。柱缺終身難薦鶚。樑斷三十當畏鵬。大而滯者為商旅。小而狹者作僮僕。極貴之色。似老蠶之光明。下遇之人。若蜣蜋之侷促。光美宜官。破露憂獄。準頭隆者誠信。法令深者嚴肅。疾病尖薄。慳吝小縮。蘭台明兮庭旅實。井灶露兮廚無粟。骨如橫起。忌與結於交朋。紋若亂交。慎勿為乎眷屬。夫人中者。溝洫之態。深則疏通。淺則遲延。淺短絕嗣而夭命。深長宜子以遐年。黑子難產乎蓐上。紋殍橫卒於道旁。上狹下廣兮多後旺。下狹上廣兮屢孤眠。深長者誠信著。寬厚者功名先。微如一線之文。身填溝壑。明由破竹之仰。家世貂蟬。唯口者。語言之鑰。是非之關。禍福之所招。利害之所詮。端厚寡辭者。定免乎辱。誹謗多言者。必招其愆。肥馬輕裘。由方成於四字。出將入相。蓋大容乎一拳。唇欲厚。語欲端。音欲朗。色欲鮮。上下紋交子孫眾。周匝稜利仁信全。噀血餘資。似括囊而貧薄。含丹多藝。如吹火以酸寒。合勢欲小。開勢欲寬。狗食馬餧。鼠讒蜂單。大言寡信者略綽。無機促齡者偃蹇。青黑禍發。黃白病纏。左右紋粗定凶惡。上下急蕩多迍邅。如鳥喙者。高人終難共處。同劍鐔者。義士可與交權。惟壽算之先定。以齒牙之可觀。康甯者齊且密。賤夭者疏不連。上覆下兮少困。下掩上者晚鰥。班馬文章。白若瓠犀之美。喬松壽考。瑩如崑玉之堅。當門二齒缺。命蹇於沒世。學堂一官全。聲聞於天下。焦黑困乏。鮮明足錢。二十四兮命折。三十六兮壽延。尖如立錐。必乏衣食之士。齊如編貝。優登廊廟之賢。舌者。以短小薄鈍為下。以長大方利為先。方長者咳唾成玉。短小者皂隸執鞭。黑子凶惡。粟粒榮遷。黑紫。布衣而肘露。鮮明。金帶而腰懸。七星理明。可享千鍾之祿。三川紋足。必食萬戶之田。允謂瘦人項短致災殃。肥人項長必夭橫。如罌如瓶總非吉。似鵝似豕皆不令。豐圓厚實多財產。先隆溫潤足權柄。瘦人結喉身孤兆。肥人結喉刑剋證。項後豐起。定為厚福之人。頷下絛垂。永保遐齡之慶。夫貴背之豐隆。身乃恃而安定。貧夭絕嗣。偏側欹斜。富貴有後者。闊厚平正。勢若踞山之蹲虎。利賓於王。形如出海之伏龜。考終厥命。龍骨欲長其充實。虎骨欲短其堅硬。鳶肩者。騰上必速。恐不多時。犀膊者。為儒早亨。優於從政。指節欲其纖直。腕節欲其圓勁。厚而密者。謀必有得。薄而疏者。必多不稱。勢若排筍富可羨。色如噀血貴可競。身卑才薄。涉中滿而起傾。祿厚官榮。有駟馬之形勝。橫紋下愚。縱理慧性。骨露筋浮者主身賤。皮堅肉枯者愁囊罄。家殷而黑子斯明。用足而橫紋乃互。富貴之相。若苔之滑而綿之軟。壽安之人。如筍之直而玉之瑩。心宰視聽。內主魂魄。師六腑之氣。統五臟之神。顏色始變。是非已分。惡則禍結。善則福臻。胸凸者躁而多劣。毛長者剛而好嗔。坑陷淺窄。愚暗而多居下賤。寬平博厚。賢明而早廁縉紳。腹為水穀之海。臍為筋脈之源。包萬物而獨化。總六腑以中輪。圓厚富安。儉薄食乏。深寬富貴。淺窄孤貧。勢若垂囊。風雷四方之震。深能容李。芝蘭千里之聞。足者。枝之謂。身者。幹之云。枝以蔽其幹。足以運諸身。豐厚方正者。多閒暇。薄澀橫窄者。必苦辛。富累千金。蓋有弓刀之理。官封一品。由伊形神成魚鳥之紋。短小精悍者。形不足而神有餘。長大孱弱者。形有餘而神不足。美惡在人而俱妙。非賢聖其孰能。藏於內者。如淵珠之粹。發乎外者。若焰光之燭。神安則之憎愛。清濁由目之照矚。質以氣而宏允。氣以神而化育。質寬則氣宏而大。猶氣靜而覆。如是寵辱不足驚。喜怒不足觸。有氣無肉者。譬若寒松。有肉無氣者。如蠹木。李嶠耳息而享百齡。孟軻內養而輕萬斛。和柔剛正。謂之君子。狹隘急暴。謂之士卒。如龜之息兮保其遠大。如馬之馭兮重其馳逐。身大音小禍所隱。身小音大福所伏。夫聲音之所發。自元宮而乃臻。與心氣以相續。琅然其若擊石。曠然其若呼谷。斯乃內蘊道德。終應戩穀。謂之羅網者。乾濕不齊。謂之雌雄者。大小相續。或先急而後緩。或先緩而後速。自為粗俗之卑穴。焉遂風雲之志欲。辨四時之氣。如春蠶吐絲之微微。察五方之色。如浮雲覆日之旭旭。地閣明而饒田宅。天嶽暗而罹桎梏。粟黃繪紫多豪貴。脂白芃青合賢淑。若相者。精究其術。而妙悟於神。安逃禍福。

【歌曰】

嗟嗟世俗不知因。妄將容貌取其形。若得正形為大貴。依稀相似出群倫。形滯之人行必失。神滯之人心不開。氣滯之人言必懶。色滯之人面塵埃。形神氣色多為滯。舉事心謀百事諧。色在皮而氣在血。脈聚作成多喜悅。散則成憂靜則安。部位吉凶皆有訣。又曰。欲窮禍福貴賤。除觀諸家相文。聽聲觀形察色。有肉神音神眼神。細細觀之。則自然明矣。又曰。迷而不反。禍從惑起。災自奢生。老子曰。天之道。利而不害。聖人之道。為而不爭。此之謂也。

第八章

論氣色

論氣色

形局看一生之規模，流年部位看行年之休咎，氣色則看短期之吉凶，快則三天，遲則三月。雖然有時亦會影響五年、十年，但這已是色而並非氣。

氣

氣，隱在皮膚以內，隱約可見，非善相者，必不能察覺，又每個人對顏色的感覺與敏感度不同，故觀氣不免受到本身的先天條件所限制。一般眼珠顏色較淺的人，會對色彩較為敏感，學起觀氣來會事半功倍；如眼珠顏色較深，則對色彩顏色不太敏感，可能一生都難以掌握。

在近代善觀氣色者中，最有名的是盧毅安先生，據說他能在人的面上看到圖案，例如見到對方的額頭上有一包包麵粉，就知道他從事這個行業；這些奇技，筆者應該一生都學不會。

盧先生亦提出訓練觀氣的方法，就是在荒野看山水之氣的升沉，從而掌握對氣的感覺。

色

氣，管未發生之事，而色則已成事實，又色逗留在皮膚的時間，短則三數天，長則五年、十年，故色的影響比氣還大。

如前額昏暗，氣代表其人當前事事不順；如果是色，則整個額運，也就是三十歲前必然諸事不順。

又如兩顴，氣暗代表信用不佳，容易在業務上與人相爭，甚至有官非禍事；如色黑暗，男則牢獄之災，女則丈夫因肝病去世。上述的例子雖然常見，但氣色一般很大機會只影響短期的吉凶。

氣色種類

濛、暗、滯——暗滯不華，如霧如煙，皆為下色，代表諸事不順，難有所成。

黑——色帶黑必逢絕境，如官非、災禍、病厄，為最惡劣之色。

藍——亦為劣色，僅次於黑色而已，代表諸事不順，難有所成。

青——代表憂驚、心恐。

赤——代表爭鬥不和，勞而功少。

慘白、粉白——代表喪孝之事，家中必有人在病榻中。

潤白——代表財氣，諸事順利，易得意外之財。

明黃——「一點黃光一點財，一點青藍一點災」，明黃與潤白的重點都在一個「明」字，故氣色鮮明而有光澤者，不論看上去似明黃也好，潤白也好，皆代表諸事順利。

紫——所有相書皆云紫氣為佳，但古代之紫與現代之紫是否同色，則不得而知，因為面上泛紫並非吉兆。

粉紅——代表喜慶，亦是吉兆。

氣色與部位

耳

氣色從耳廓出，左為過去色，右為未來色，故右耳較左耳為重要，一般帶白為舒服得財；粉紅主稍為努力便能水到渠成；紅主辛苦得財；赤主勞而功少；暗紅主勞而功更少；暗黑則諸事難成。

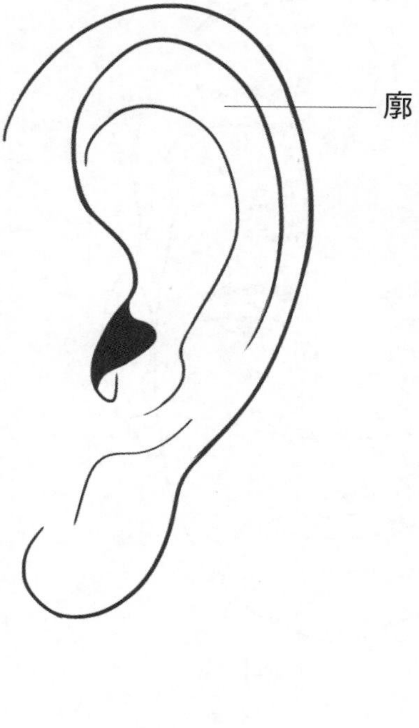

額

額為天運，前額明潤，必得貴人扶助，事事可成；前額暗黑，則諸事難成，縱有機會，亦因受天意阻攔而難以成事。

印堂

印堂潤澤者，所想必成，行之必就；晦暗者，所謀不遂，行之難成。

鼻

鼻色潤白直透印堂，短期內必得橫財；鼻準帶紅或有暗瘡，皆為破財之象；

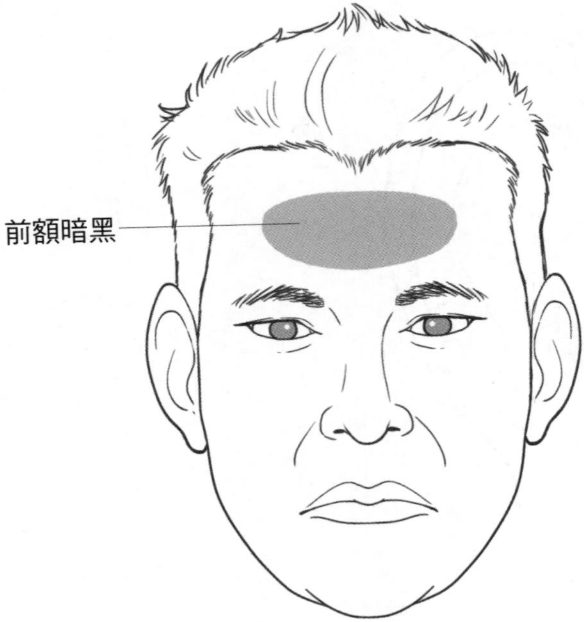

年上、壽上帶暗青，主自己或家人生病。

顴

顴色潤，主當前信用佳，謀事必成；色暗，難得別人信任，謀事難成；色黑，官非禍事，牢獄之災。

唇

上唇色明，心情舒暢；上唇暗黑，心有憂傷；紅色小瘡，心情煩躁不安，男女之事不調。

嘴角

嘴角現紅色，是非必多；現暗色，家內風水不佳，濕氣重，主骨痛。

嘴下承漿位

承漿位現暗色，代表飲食招災、疾病、水土不服。

下巴

帶紅，家中有東西搬動過；帶青暗，家住近水，濕氣重，易生病。

法令

法令內現暗色，家宅不安；法令外現暗色，必在業務上與人相爭不和。

撞鬼氣色

第一級——碰到了而自己不察覺

兩邊面頰有兩條粗近寸的暗青之氣走向口中。

第二級——碰到而自己又感覺到或察覺到

「何知此人怪上來，濛濛黑色繞唇腮。」

此級既有第一級之象，並且再加上嘴唇上下都圍繞着青黑之氣。

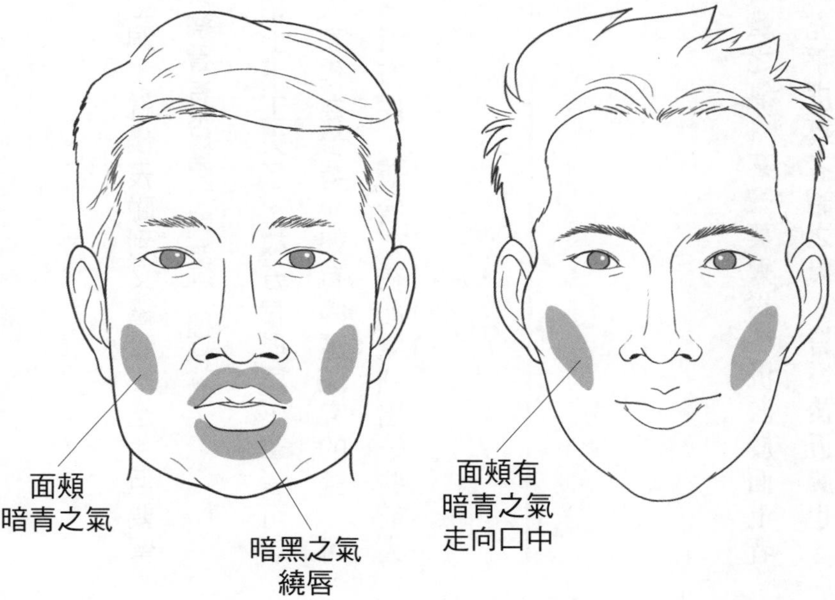

第三級——碰到且纏着不走

有以上兩種特徵，再加上雙目無神、呆滯、空洞，就代表碰到又纏着不走。但要留意，第三種眼神與失戀時的眼神很相似，此時便要察看有否第一與第二種特徵。

其實筆者自從鑽研八字以後，便沒有再在面相上下工夫了。故五官形局，筆者可以手到拿來，惟氣色非筆者所長，故以上內容只供大家作為參考。如有興趣深究的話，可在坊間買一些專門研究氣色的書去鑽研。但為使讀者方便，筆者亦在此處列出一些前人論述氣色之訣，讓後學者參考。

古訣論氣色（一）

【氣色總論】

人之生也。則有五臟。五臟體成也。則有真臟之氣。其靈莫大焉。汎游於面上者謂之氣。顯於外者謂之色。現於皮上者謂之色。充乎皮裏者謂之氣。皆發於五臟也。

五臟神之所居。將有吉凶。則莫不皆先應之於色。而見之於面也。是以一面部位氣色發散。隱現出沒。故炎祥得以言。吉凶得以斷。禍福得以知。其義至深。其理至奧。其玄至賾。非夫精察盡性者。曷喻於此。又云。如沸湯面之氣。騰騰鬱鬱。熾然四起者。氣也。散如毛髮。聚如粟粒。望之有形。按之無跡者。色也。夫色有形勢。有大小。氣有緩急。有盛衰。或有而盛。或薄而散。或濃而光潤。或慘而枯燥。或論四時。定其休咎。驗其淺深。斷其吉凶。餘詳六卷色論中。最宜合參。凡看人氣色。貴在乎天之方曉。雞鳴之後。平旦之前。血氣未亂。飲食未進。神色未離。人事未接。纔臥起時。就帷帳中。以紙燭照之。辨驗吉凶無失。若就簷前光處見之。皆非本分氣色也。最不得洗面盥口飲食湯藥。然後看之。亦難驗矣。且五臟神氣吉色者。即早見於面。暮息於心。故侵晨觀之。則見五臟正色。吉氣朝於面也。其凶惡氣色。或觸事憤怒而發。或感物憂喜而成。或因酒色青赤。或奔幹而亂色汗漫。此皆非本臟之義。一時急發而成。吉凶難辨也。其有不拘早晚看者。當令頤神靜坐良久看之。庶幾有徵焉。若不拘早晚酒後醉中怒時汗漫。更不停待而看者。則暴失莫大焉。其先之吉凶未來之應驗。孰可得而知也。

詩曰　春要青兮夏要紅。秋間白色喜重重。
冬時赤色還來往。且看相刑應始終。
春青要向三陽謀。憂赤須當印內求。
秋白但觀年壽上。冬看地閣黑光浮。
青主憂疑白主喪。黑縈重病赤官方。
若還進祿並添喜。正取紅黃滿面光。

若夫四季形狀。春欲起。夏欲横。秋欲下。冬欲藏。失其時者。不利也。春欲起者。有發生之象。夏欲横者。有長養之象。秋欲下者。有收斂之象。冬欲藏者。有閉塞之象。至於氣色形狀各異。青色如瓜。黃色如蠟。赤色如火。白色如脂。黑色如漆。此五色之至正。發之甚佳。斷之有准。且看何部有成有敗。有吉有凶。氣色真形一寸二分。按一年十二月。一日十二時。年年各有興廢。月月亦有成敗。日日生發禍福。時時不測憂喜。欲觀人者。先要知其所居方位。則無不應矣。

【五言歌訣 十六首】

黃色分明吉。猶看紫更紅。光華須富貴。暗滯且成空。

青色須明朗。春風舞柳條。若如煙霧靄。憂恐在來朝。

赤色宜華潤。枯焦定不安。面唇相應吉。終可得高官。

白色如銀餅。宜浮透肉光。若還乾不潤。喚作犯金亡。

黑色無塵垢。光華喜可知。沉沉如點漆。非病有災危。

青色印堂起。知君定有殃。若無孝服折。定是損田莊。

紅色印堂起。知君喜事來。若非婚嫁娶。定是進錢財。

紫色印堂起。知君官職來。不然生貴子。必定顯蘭台。

白色印堂起。孝服見悲哀。家內若無事。六親外服來。

黑色印堂起。定主見凶來。自己安平坦。兒孫不免災。

黃色騰騰起。朝天祿位成。如雲縈日角。旬內拜公卿。

準有明黃動。縈紆入食倉。進財兼進喜。猶看旺何方。

印信有微黃。天門紫氣光。龍頭橫鳳尾。高中狀元郎。

準赤憂煎動。縈纏有訟非。氣青來口角。卒病九泉歸。
靄靄青雲起。災來在夏秋。忽然歸口角。病恙最難瘳。
白雲湯沸起。中秋應候時。若纏眉額上。恐怕見雙悲。

【青氣色歌】

青臨日角須憂賊。狀似川紋官祿遷。日角臥蠶防刑剋。印堂橫起病纏綿。忽然牆壁連金匱。防竊財物夜少眠。道上還憂盜賊至。山林蛇虎厄相連。奸門必定妻驚怖。眼下得兒信果然。壽上若橫家內鬼。公婆鬼願未了緣。左顴旋繞兄弟鬥。右顴如絲或賣田。口畔來了須餓死。更兼淫慾事縈牽。山根若見當病苦。色非旺時命難全。如臨天井懸殊勢。武官必定掌威權。病人滿面醫難救。輕則無禍亦無愆。

【黃氣色歌】

黃色最喜到天中。貴品日角受三公。印堂閃閃如錢樣。七旬之內有大封。若是士人應及第。常人橫發事亨通。山根位上兄弟吉。若見年壽喜重重。子宮逢之生貴子。團團一片陰鷺洪。準頭點點光明色。家中喜氣得意濃。甲匱若逢掌印信。更兼箱篋倉庫豐。黃色到處皆吉慶。入口定知病禍攻。

【赤氣色歌】

赤氣紛紛貫白睛。不憂疾厄也憂刑。準頭應是脾家病。牆壁山林怕盜侵。牛馬便知牛馬疫。山林蛇虎事堪驚。忽然眼下如珠發。妻子常聞門鬧聲。金匱魂門招怪異。承漿若有亦喧爭。波池井部相連接。因水逢財喜氣臨。驛馬圓珠占貴兆。須承勅命提赴刑。隱隱如蛇來地閣。總因田廬訟事生。若在山根兼慎火。更兼宅內損犧牲。纔臨日角官初轉。節度當權任意行。口角如蠶須餓死。似雲貫顴鬧弟兄。常常日角如珠起。口舌喧爭兩無情。若是為官須轉職。三旬之內定分明。貫於奴婢須潛走。年上官非火災並。

【白氣色歌】

印堂白色哭爹娘。顴上命門兄弟當。只在命門全不散。三年之內定身亡。上墓點點傷坟卒。牛角垂珠自身殃。地部明朗傷眷屬。或為牛馬有災殃。奸門妻有私通事。魚尾同途一等詳。日月角中憂服制。坎宮若見小服喪。忽侵年上公婆死。若見行兵必得強。天井如龍封上將。小人孝服在親房。波池法令相連接。駒犢原來主多傷。中嶽橫青過兩目。一家不久着麻裳。天倉上有須憂賊。失物宜兼此位詳。直入眼中三七日。妻兒定主哭高堂。眼下垂珠夫婦鬧。準頭必主競田莊。若來鼻上全不散。公事相爭鬧一場。地閣相遮悲牛馬。兼看大小破田塘。成蛇入口分明記。口舌爭端也要防。壽上見時五十日。看君不久入泉鄉。

【黑氣色歌】

天中黑氣大憂危。性命攸關使人悲。灼灼氣行流下部。陡然災禍竟如斯。左右眉間一百日。滿眼恩情盡別離。年上山根年中客。淚堂定主哭親兒。兩顴兄弟有災厄。

沖入天倉鬼跟隨。福堂暗慘如枯墨。三旬之內卻難醫。命門點點無潤澤。此人好色腎最虧。兩耳霧掩無血氣。預備前程到冥司。忽生準頭兼暗慘。朝發暮死亦有之。如蛇入口遭水厄。波池並見喚行屍。地閣沉沉災六畜。更見家道已早衰。籠罩滿面腎經敗。三載歸冥算你遲。

【紅氣色歌】

滿額紅光似施朱。不久姓名入帝都。若是庶民增福澤。眼前得意非前模。印堂直透天庭上。橫富橫貴斐然殊。福堂閃灼福非小。奸門若見妻產珠。日照山根兄弟貴。女人相見及第夫。三陽應主誕貴子。三陰弄瓦定不誣。顴上一點權任至。年壽輝霞主歡娛。土星臯臯侵年壽。須防回祿起憂虞。人中得抱螟蛉子。氣明金匱財橫敷。遠看他部雲霓起。正是興創吉地居。

【紫氣色歌】

紫色天中八字游。此人不久便封侯。蘭台日角二十日。節度當權都督頭。庶人必得添財物。重重喜到稱心謀。常在氣凝全不散。貴人逢之意繆綢。法令經朝印信至。凡人爭競罪全休。福堂氣繞兒孫貴。年壽相應慶添籌。牆壁捲雲如珠貫。三日揚鞭跨紫騮。得得財來應地閣。宅舍居安百事周。眉頭雙起提郡府。山根如錢佐勳猷。奸門上發妻有孕。或招貴妻性情柔。命門若見非常喜。遷官進祿福悠悠。官員逢之終為吉。士庶人見論休囚。

古訣論氣色（二）

【辨色歌】

早觀氣色非虛詐。一寸一分俱眼下。男觀左兮女觀右。膜肺腑中多不假。短於菽粟細於絲。吉凶可辨須詳推。或隱毛髮紋理中。氣色都輸談相者。

【面部氣色詩】

詩曰　額上紅黃二等絲。三旬定見轉官資。
　　庶人自有求宜望。僧道遷榮有住持。

額上有紅黃二色。如絲露者。貴祿。有此色。三十日內。加官。印堂有。其餘人百事吉。求有望。僧必有住持之喜。紫色紛紛。三十六日內。喜事宜動。黑色有事不分明。防二季內攪擾。及日下公訟。青色不宜遠出。更防田宅有撓。六十日內應。

詩曰　額上紛紛紫氣侵。六旬喜氣定來臨。
　　若還黑氣侵其上。一季災殃不稱心。

印堂額閣青色。切須提防。不可登高。遠方應。六十日中謹慎。恐田莊公訟。

詩曰　額上紅黃生貴子。舉人榜上有高名。
　　其餘求望招財橫。一季須知見此榮。

印堂上紅黃二色。主家生貴子。餘人得橫財。主舉人解首。名求官吉。一季應此吉慶。印堂紫色如豆粒者。主進田莊。一季內應。

詩曰 印堂紫色似珠圓。一季之中進田園。
白色若如絲露見。須防孝服事相煎。

印堂白色若絲。主孝服。至一季內印堂黑色。如黑水。主僕馬相欺之憂也。

詩曰 印堂青色事紛紛。五旬決定事纏身。
黑色兼青如黑水。須憂僕馬有災迍。

印堂青色。主公訟及身。五十日內應。

詩曰 山根黃紫色加官。印動三千里路間。
僧道庶人諸事吉。須知一季喜侵顏。

山根位上黃紫二色。主三千里侯印動。貴人加官宣詔之歡。中正紫雲。四十日有回還之喜。天中黃色。九十日陞除。地閣黑青。一年內必死。連腮氣黑。六八而亡。

滿額赤光。二四而訟。青雲貫額。九十日內有不測之憂。赤白年壽。五十日內有喪亡之事。地閣黑霧。宜防酒食之災。額角黑雲。應當噎食之病。天中黃紫。九十日加官。龍虎紫氣。五十日及第。桃花色貫年壽。五五登科。黃氣臨於白眼。半年改職。青黑驛馬。出入遭傷。青色滿額。在家不吉。目下赤黑。官事眼前。口角白乾。病臨眼下。寧心細察。定想消詳。無越綱紀。禍福必驗。

【辨氣色】

夫氣色者。發於五嶽。隱於六腑。朝則見於面容。暮則歸於肺腹。隨年隨月。隨日隨時。氣色升降各分。面色白青黑紅黃。按金木水火土型。氣者。出於青塵。又如煙霧。現於何位。有成有敗。有吉有凶。

【辨四季色】

詩曰　春要青兮夏要紅。秋間白色喜重重。
冬間黑氣乘來往。若不相刑應始終。

三五日或十日內。見準上黑白。主孝服。並自生災。

【辨口色】

詩曰　口角並腮有黑紋。須憂臟腑不調勻。
病人口畔如斯色。縱是靈丹未保身。

口角及腮上有青黑。防一月或半月內。臟腑內暴患在牀。

【又辨口色】

詩曰　口角紅黃紫色多。此般氣象最安和。
忽然角畔青青色。飯食侵刑沒奈何。

口角有黑色。謂之死氣入口。遠至一百日內。定死。口角有紅黃紫色者。自身安樂。口角有黑有青。主飲食之誤。

【辨眼色】

詩曰 眼邊黑色切須知。百事施為亦不宜。
災禍之來看十日。更防小輩暗欺軀。

眼下黑色。百事不利。防有不測。小人相撓。在十日內應。謀望不成。事宜守舊。

【辨眼色詩】

詩曰 眼下青青憂染軀。心中不樂暗嗟吁。
白色切須防父母。兄弟還同二日餘。

眼下青色。有心中不樂之事。眼下白色。防父母兩日內有厄。無父母。防兄弟有災。

【又辨眼色詩】

詩曰　眼下紅黃紫氣生。最宜求望事皆成。
　　神仙留下通玄術。凶則無災吉則榮。

眼下紅黃紫色者。百事吉。

【辨眉色】

詩曰　左右眉頭赤色凶。定遭公事在官中。
　　眉頭見得常明澤。所作施為百事通。

左眉上有赤色。防官中公事。右眉上有赤色。防邑中公事。應在一月。兩眉常明澤吉。

【辨耳色】

詩曰 兩耳焦黑腎氣虛。紅潤丹田病盡除。
須信形神玄且妙。建通氣色目光舒。

兩耳上有黑色。防腎家有病也。兩耳紅潤者吉。丹田六腑。無病之色。

【辨面色】

詩曰 滿面都青色。常懷毒害心。要知招喜慶。紅色滿容侵。
青色不明朗。乃是滯色深。謀為諸吉慶。須還滿面明。

明澤之為吉慶順也。

【通神鬼眼萬金氣色篇】

其辭曰。湛然清淨。百禍難侵。或氣相雜。一事不遂。黑氣若穿五竅。身陷幽冥。旺氣如犯三堂。祿從天降。居官見任。逢赤色。與同任交爭。士庶無權。見紅色。同兄弟爭競。是故天庭白氣。春愁口舌刑傷。地閣黑雲。秋怕交爭詞訟。神門黃氣。因姦而尚然成婚。妻部黑雲。故舊而中間變盜。赤色忌侵法令。酒色身亡。炎宮怕見水宮。防妻產厄。青氣生於眼下。必是妻妾子女之憂。白氣長於鼻準。頓有父母昆仲之服。中央土色。逢紅而終見災殃。青白神色。總紅而必無多慶。天中黑霧。失官退職。印堂黑色。移徙之愁。年上色黃。即封官爵。壽上色紅。因妻爭競。年上橫紋赤黑。或憂父母或憂身。壽上黃雲紅色。亦喜子孫亦喜祿。白為死喪。赤乃官災。黑為病患之憂。青為驚辱之事。眼下赤色而爭訟。眉上黃明而受祿。黑如油抹。人命多傷。黃似塗酥。財帛廣聚。紅黃入於面上。多因敕賜金帛。年上黑霧應天嶽。定見官中而招責也。魚尾微青姦事敗。準頭紅黃祿位成。黑連年上。女必招災。青入人中。男須敗業。喪禍起於白頭。憂病長在眉山。髮際黃明。求官易得。鼻孔黑暗。幹事難成。懸壁真紅。因奴馬以爭強。淚堂黃色。為功名而必淹滯。眼下黑色。左害子而右害妻。眉上白光。右損母而左損父。赤黑色動。防財帛與官災。天獄赤遮。慮人指而虛詐。山根赤色貫兩目。火燭血光之厄。年上黑氣侵法令。酒食色慾之憂。求官進職。三堂上以明光。財退官災。五嶽中而黑暗。小求大得。蓋天庭兩頭分明。不勞而成。因蘭台四方明淨。印堂黃色。如柳葉朝邊地。九十日二品登壇。高廣紫雲。似月明於天中。一年間分符拜相。驛馬紫氣。四十日內有小人。百事吉。僧道名目。至半年內應。

【山根黑色】

詩曰 山根黑色狀如煙。乘舟涉險恐迍邅。
不然盜寇侵財帛。公撓三旬即見官。

山根位上。黑色如煙。狀涉危險。渡江虛驚。不然。財帛有撓。中寇賊二十日應。

【山根青色】

詩曰　山根青色在心憂。僕馬相應生月頭。
色白忽然有此位。半年外服有來繇。

山根位上青色。心中有撓不樂。防僕馬小人相害。在三五日內見白色。主輕服。一百二十日內應。

【準上紅黃紫色】

詩曰　準上紅黃紫色時。半年之內有重禧。
進田增僕身安吉。百事俱祥不用疑。

準上紅黃紫色。百事吉昌。半年內應。重重加進田宅。又僕馬位喜。又身平安。五十日內見喜。

【準上紅黃】

詩曰　準上紅黃主有權。自然所作稱心田。
若還紫色侵其後。一季妻生子必賢。

準上紅黃色。大宜執權道。大吉之兆。準上紫色。主妻宮見宜子之喜。

【準上青紫】

詩曰　準頭青紫不堪論。半月災危及子孫。
若是家中無子息。水災火厄恐臨門。

準上青色。必主子孫之厄。如無子息。防水火之驚厄。應在四時方見。

【論色類】

陳圖南云。色之無光。不可謂之色。蓋無光則虛色矣。災喜皆不成。不必斷也。

先視其主休囚死旺。然後遍看諸位吉凶喜惡。審而言之。萬無一失。天之蒼蒼。其正色也。雲霧乃其氣耳。人之質形。受命與天地同。所稟之氣。有變動。則所發之色。有定體也。色隱神隱睟者貴。明則吉。暗則凶。紅黃紫為吉。青白黑為災。紅黃色喜。紫氣遷官之喜。浮主未來。沉主過去。浮沉相竝。去去還來。色定為災害。發深則應近。發淺則應遠。或無貴而色頓開。則不為祥。此說非可言而進也。或有色未透天庭而亦發者。是其準頭開。而部位之貴皆開以相應。不必至天庭也。印堂內庫。驛馬。龍虎角。日月角。皆為貴。或陰晴未定。必在準頭。不可發也。焦燥暗惡。不獨難發。多脾胃心腹之病。水火刑訟之厄。若視之寂然。難取難捨。有道者之色也。視之赤然。似浮似沉。奔競者之色也。視之瑩然不雜。得意者之色也。視之慘然。陰合陽散。細人之色也。視之泰然。如驕如滿。自定之色也。

【氣令色章】

面上光潤。財祿日進。若問此人。漸漸得運。面上昧氣。財祿日退。若問此人。

漸漸色滯。

凡面上有惡氣如垢痕者。災色也。如人中至準頭。上至天庭印堂之間見之。五七日內應。必生災疾。

【氣色歌】

漫向空中設彩絲。齊分六色發神輝。舉心竚目徐徐視。妙理無過細察之。若看紫色無神光。雪上下雪霜上霜。但看年上青黑色。不過三七有災殃。氣色只在皮膚出。見了之時須要防。一年半載多不退。定主家中有死亡。要看氣。不須忙。但看年上與印堂。若還喜事來何處。認取一點淡土黃。

氣者。所以養神形而化神也。周流於五臟六腑之間。因七日之汎。故發於五嶽四瀆之上也。實則壽。虛則夭。紫氣成片黃氣散。青氣如霧。紅氣肉裏。火氣在皮上。以上五氣。須看厚薄。紫氣雖貴人。庶人難得。官員巨富方有。如染重紫氣相似紅氣。是喜色。火氣則有災。人有相異骨貴為雜氣所撓。譬如遠山有奇峰秀景。為雲所蔽。不可得見也。一遇匝地清風。當天皎日。則奇峰秀景。非獨可以觀覽。必使人留戀而難捨也。

【氣色論】

一行禪師曰。氣色凡有七。青黃赤白黑紅紫是也。凡在於雞鳴之後。平旦之前。當血氣未亂。飲食未進。神色未雜。人事未接。立身端正。不可洗面漱口。凡見於面部者。自然之氣也。以燭照之。自上至下。見於面部。察其氣色。定其吉凶。夫氣色。朝出於面部。暮歸於肺腑。狀有大小。或如粹米。或如長針。或方如印。或圓如珠。或如浮雲之狀。或如飛鳥之形。青色主憂驚。黃色主吉慶。黃屬土。四季各旺十八日。又為胎養之氣。故為吉慶之福德也。赤色主血光口舌。白主折傷孝服。黑色主牢獄死亡之事。青色。初起如蠶吐絲。盛如蠶繭之絲。來如黃馬牛之色。去如桃花斑。赤色。初起如火。來盈如研開硃砂。去如蓮花葉累累。白色初起。如脂膏抹。又如塗粉。去如垢泥也。黑色初起。散如馬尾。又濕如灰色。去如塵污也。

【氣色相福歌】

紫白赤黃青與黑。精細微妙誠難測。官災終不錯分釐。定喜須教時不尅。枷鎖慰色號災紋。半年迍否定埋魂。忽然一段青臨位。便防六畜更災瘟。紫紅忽有黃絲髮。三陽若見主新婚。何知福祿人來訪。紫入蘭台更造門。黃氣未來逢宴樂。白色深入主憂疑。要知福祿色變動。恰似青煙罩遠山。命值烏雲漫耳裏。忽然臨注黑霧起。如今雖是世間人。不久便為冥道鬼。昏昏淡淡入三陽。忽然如線似難當。家憂小口歸冥路。深處公門入禁房。奸門若有青紋見。妻有私情夫不見。若能妙藝得其傳。易曉黎民數憎怨。紅暈藍痕應見喜。白色繚繞喜多驚，忽然小輩逢其色。災禍來侵也不輕。青氣氣紋半上陽。若見紅絲必主亡。尤防財散傷牛馬。定見身邊有禍殃。青龍鬱鬱兩邊分。紫氣交加不可論。切忌陰人並小口。只因疾病見災迍。微微黃色發天庭。五七旬中喜氣臻。六品以下皆為對。三遭以上定榮遷。年壽分明一歲安。印堂紫氣必遭官。準頭垂垂赤氣繞。加位遷移主異端。白氣團團運部中。又為印綬妙相逢。秋看喜氣重重至。只恐遷官更不同。命門黑氣到山根。五旬之內入墓墳。更兼眼下如抹粉。必至妻房及子孫。天中天庭黑氣來。更須細看有何災。年壽忽然齊發動。斷定週年必主衰。司空黃色入堂中。為官轉職事皆通。此人只得財來散。赤色失財亦是空。印堂青色至山根。光發下來似斑痕。父母宮中無剋應。細讀看來限六旬。印堂白色哭爺娘。若在命門兄弟當。只在命門全不散。三年之內自身亡。天柱倒時黑又光。唇如隔歲浸生薑。行如兩步來侵我。不過兩載也身亡。地閣色黃主遠行。買賣求財事事榮。若無黑色無田宅。謀事年年也不成。地閣浮雲青黑色。三年之內黑光亡。紅色俱如加是位。青黑憂煎必致傷。蘭台高廣一般般。紅紫兼黃祿轉官。青黑赤時愁不落。定遭刑獄事相干。太陽黃必天庭來。大喜今年得橫財。若是為官加爵祿。娶婦成婚不用媒。黑發三陽青氣多。失官傷職事奔波。若求發來年壽上。天中亦合見閻羅。欲見他人壽不長。但看雙眼昏濁黃。夭壽有如題筆樣。週年之內入泉鄉。色雜神光都不見。直饒富貴也尋常。

【五言詩訣】

印堂青色起。知君身有災。若無孝服折。定是損錢財。印堂血色起。必是損血財。家馬牛羊犬。遇早好收回。印堂紅色起。知君喜事來。若無婚嫁娶。定是進田財。印堂紫色起。知君官職來。不然生貴子。必是祿遷階。印堂白色起。孝服見悲哀。家中若無事。六親外服來。印堂黑色起。定是見凶災。同牀並子息。作福免災殃。

【七言訣】

眼下青青色有無。心中不樂暗嗟吁。白花切須防父母。兄弟須還一月餘。天鼓不鳴一月死。神光不明十日亡。天柱側斜一月死。年上無光黑氣侵。黑氣漫漫腎部傷。安樂見時須大忌。病中決定主身亡。蘭台法令無光氣。有位之人定失官。若是俗人無澤色。也須家破主飢寒。神氣皆昏是醉癡。前程不遠不須疑。任是有官並有祿。看看口是半年期。印堂坑陷無光澤。縱有光明亦少官。假使祖宗封職蔭。中年失位或貧寒。平生辛苦手無色。貴者須紅賤者黃。那更粗疏紋理亂。立見破敗少田莊。人求好事不須功。龍角無光定不成。更見印堂如黑黯。因求事後反為刑。面分塵土無光澤。須知失位橫災臨。更添赤色山根上。煩惱朝朝妖禍侵。

【九靈歌】

天庭紅色見。職官多遷轉。仕路有異名。黎庶皆榮慶。印堂色白青。官司主有驚。若見紅黃色。恩詔赴皇庭。山根赤黑浮。火盜兩悠悠。青白人宅散。蹇滯未能休。鼻準青黑凶。黃紫喜財隆。赤色血光見。更防刑殺充。正口赤光病。青黑難存命。白光主唇舌。黃色家須慶。承漿地閣黃。家宅慮火光。紅色招財穀。青白色憂惶。法令有白氣。兒病緣此意。青黑主喧爭。紅黃現者吉。黑氣入三陽。千金不可禳。為官須失祿。士庶破財亡。命門黑或青。非久必歸冥。赤色身遭患。白光主哭聲。

【歌喜氣】

黃色騰騰起。朝天祿位成。如雲縈日角。旬日拜公卿。準有明黃動。縈紆入食倉。進財兼進喜。猶看旺何方。印信有微黃。天門紫氣光。龍頭橫鳳尾。高甲占金鎗。一點如絲髮。微微在印堂。離明兼有應。名位貴中揚。宅喜看牆壁。身宮認子孫。書來尋驛馬。邊地武功存。

【歌凶氣】

準赤憂煎動。縈纏有訟文。氣青來口角。卒病號亡魂。魚尾青連黑。陰人位最憂。入斜須見哭。赤間定難留。靄靄青雲起。災來在夏秋。忽然歸口角。身恙卒難瘳。白氣騰騰起。中秋號應時。若纏眉額上。長位見雙悲。憂氣開還合。非時定有災。

【官員氣色歌】

官員品次色難知。二部仍將仔細推。進職加官天上看。誰於地閣見遷移。遷移為是紅光面。纔發天中只轉資。直下印堂兼五部。紫來同見亦如期。忽然五嶽皆紅起。加職仍兼產貴兒。若見天中黃赤色。加官一位莫嫌疑。天中紫氣發生時。堂廟官封紫誥飛。甲匱若逢官職至。三旬之內定何疑。天中黃白如圓光。七個旬中坐廟堂。若得發從高廣上。貴兼才吉作侯王。黃生龍耳封侯客。自見天中武職加。但是黃生諸部上。臨官驛馬事無差。人中金匱見黃紋。驛馬遷官四海聞。更得龍蛇左右上。定須拜相喜如雲。驛馬忽從青黑色。到官停職不堪詳。更加嶽瀆都尖陷。縱然為官不久長。印信喝唱發青苔。退職休官定見災。若見印堂同此位。斷須三六九朝來。紅黃印上發天中。三七遷移位不隆。內外發來魚尾去。加官妻位喜重重。印堂紅色必加官。及有家書到喜懽。白色書中言孝服。紅居年上壽延長。紫臨喝唱主遷移。若在西邊祿向西。但看四邊看向上。便知食祿有歸期。舉止皆從部位看。印堂紅色是加官。天庭轉對府中天。入鬢須知上位權。非次加官從此道。紫金之喜近朝邊。紅來食祿兼歸口。若是青來位不遷。印堂喝唱有紅光。天柱生來主正郎。黃色發來官改動。黑時應主命傾亡。紅光印信不移鄉。二七加官喜倍常。百姓進財妻有喜。不拘貧賤一般詳。紅黃喝唱官須轉。二七之中入正郎。大小官員加二等。常人財帛喜蕃昌。紅從印堂過上尾。一月須移東北方。若在左邊魚尾出。西北之位定榮光。準頭紅色改官榮。赤色官災見血傷。白色印堂悲父母。馬肝之色自身亡。紫臨顴上色光新。便主邊方作帥臣。一載之中須正拜。武官同位鎮邊庭。舉人印信發紅黃。只作當年員外郎。若要高名科第一。紅居喝唱是其祥。天中黃色更加蒸。下過山根與準齊。加官印信求須速。不過三旬便得知。或在山根並地閣。色分紅紫喜相逢。忽然無事心微怒。顏色皆昏若醉時。雙眸赤暈兼青黑。禍至君須仔細推。脈候莫言無疾病。提防須是早尋醫。

【士庶氣色歌】

眼頭面下有青苔。父母悲兒必見衰。左右陰陽居四位。青憂白服赤官災。青臨年上須長病。赤色身亡七十來。黃到食倉並入口。須看二七進身才。刑獄須同赤色光。耳邊橫過至魚方（魚尾）。六旬之內須傷死。刑獄官災必見殃。青從年上至中陽。二七須防落水傷。青黑耳邊魚尾過。水災二七及雷傷。青色奸門大不祥。六旬中忌女人殃。橫來公事須防慎。禍患頻來心異常。食倉之庫發紅黃。須主資財典質郎。有此三般倉庫位。三般凶吉細推詳。青白中陽色亂飛。四旬之內更妨妻。印堂有發為凶兆。必定爺娘見哭悲。日裏烏來入耳中。須知一七內身終。耳門出到食倉上。蛇兔須看月內中。月角烏來主大災。三旬之內莫疑猜。青臨日角並月角。一旬內殃馬上來。左邊色尾黑兼排。四十旬中抵法歸。右半須防三七日。殺妻父母又並兒。日角以上帶青苔。二七須憂退失財。牛馬亦防偷失走。且宜防慎莫教來。左邊刑獄赤非祥。刑罰臨身七十防。若到天庭須至配。天中應是法傷亡。印信青歸左右魚。須防妻子大災虞。中陽若有青並黑。父母凶災解免無。女人六甲最難量。青色左歸須是陽。倉庫紅黃應是女。分為左右細推詳。紫臨髮際三元位。僧道之人有服章。百姓一生俱巨富。女人分向貴中藏。若然黑色身憂死。白服青災喜主黃。二四入朝須有應。淡黃分與月中祥。中少紅黃兄弟興。更看骨肉有遷榮。淚痕落者看喪至。便是悲哀哭泣聲。印堂黃貫子宮來。貴子須生又沒災。更在三陽逢紫色。定知極品至三台。鼻上紅黃如柳葉。司空不見亦徒然。橫財定入兼逢喜。眉上金匱主妻財。橫紋目下入奸門。五個旬中主暗昏。妻部目邊如忽見。婚姻事至不堪論。額上橫紋官職遷。更觀交友發同然。人中定主邊方信。準頭才逢廷尉年。天中紅色官榮至。若過司空立橫災。忽發印堂八旬內。定知南地遠信來。赤氣常憂入廚竈。防家失火不甯居。更愁秋青兼爭競。點如麻子大如珠。

盧毅安氣色論

凡看氣色有一極宜注意，不可忽略放過者，即面上之面疱小瘡是也，面上之面疱小瘡，雖極微末，而發生氣色之源，純在於是，故因面疱小瘡之出於何處部位，而觀其氣色之走於何方，則主何吉凶，可無難立斷，更就氣色之秘訣言之，氣有守色、散色、害色、利色，各自有其特殊之顯象，以示其吉凶禍福焉。而血色則與此少異，蓋血色現於皮上而易見，氣色藏於膚內而難窺，但若經驗既久，則觀氣色，又反比觀血色為易，全視乎其人之修養如何耳，今試譬而喻之，血色猶枝葉，氣色猶根幹，有血色而無氣色，謂之有枝葉而無根幹，具此相者，實無相之可言，以吉凶適足相消也。

自來相書論氣色者多矣，但未見有言觀氣色之方法者，是亦一大憾事，竊以於觀氣色之方法，因光線關係，大有難易能否之別，故最宜於室內紙窗下，使被觀者寧神靜坐，與觀相者，相距約三四尺之遠，切勿過近，近反難見，或據其身邊，以放大鏡照之，亦無不可，室內略使黑暗，更覺易覩，最忌玻璃窗，及日光映射，若在夜中，以燃油燈為佳，電燈煤油燈等燈光過強，須以白紙覆之，則百無一失矣。

血色分類，雖有多種，第其大體，約有十色，曰青、曰黃、曰白、曰赤、曰黑、曰暗、曰滯、曰濛、曰紅、曰紫是也（暗滯濛三色雖似漠然，但經驗既久自易了解）。在初學者觀看血色，須先審其光澤之有無，而定其吉凶，斯可矣，苟其色吉而無艷，仍為色凶，色凶而仍有艷，則為吉色，是為最易識別之一法，但此道易學難精，苟求其故，乃極幽微奧妙，如白紙着水，若可見，若不可見，非細心莫能察也，今將其色之大略，分辨之：

青色——主驚恐、過勞、忿怒，或受人怒責。

黃色——主喜悅，凡喜事臨門，金錢到手，情慾念起時，每現此色。

赤色——主災難，如火厄、入獄、爭論、離別，乃至負傷等事。

白色——主憂愁、死亡。

黑色——主疾病、損失。

紅色——主心中有喜，或情慾發動。

紫色——主大喜悅，但無艷澤，仍為凶色。

暗色
滯色
濛色

皆所謂害色也，本實無色，不過發於皮下心氣，而表於皮上者耳，主招災損失，所事不成。面如附煤而無艷者是也。

夫在氣色所主之兆，什九皆凶，然亦以有光澤與否為斷，其關係恰如白紙之於表裏焉，蓋氣之為物，驟視之，極難識別，苟仔細觀察，若覺其色，萎悴無勢，膚如紙裏者，無論何色，皆主惡運將臨之兆，氣色縱極佳麗，無有是處，獨於黃色一項，雖無艷光，亦不成災，但對於事物，蹇滯難成，則仍無可避也，黃色而有光澤，艷麗逼人，即為其人佳運大來之兆，此際宜極奮勇，向前開拓，無不當者矣，又黃色表現之前，驟觀之，面部薄黑，有如為日所曝，細視之，則有黃色，瀰滿全額者，乃主大開運之前兆，然運勢惡劣之人，其面部亦帶薄黑，與此相類，特細審其膚內毛孔，若有積垢然，此衰敗之徵也。兩者異同，間不容髮，名相家往往視為第一獨得之秘訣，不輕示人者在此。

暗、滯、濛、同一屬不祥之氣色，純主災難遲滯損失，乃所事難成，其呈露多在額之左右，即邊地山林之處（邊地、山林、號稱「仙骨」。靈妙不可思議之現象多發於此間）。假如辦鐵路、掘礦山，其線路圖樣，定於此部位有所顯示，特其成功與否，則仍視其氣色，及色澤程度之如何，以為判斷耳。

氣色有守色、散色、害色、利色之別，前已言之，今再申述如下：一曰守色，又名聚色，其色微黃而聚，藏於皮肉，艷麗有勢，驟視之，似為太陽曬黑者，是為家產振興之兆。二曰散色，凡有色而無氣，謂之散，滿面光采花雜，謂之散，明中生暗，謂之散，面色瑩潤，掌無氣色，謂之散，顏面明朗，耳鼻污暗，謂之散，具此五項，皆屬大敗。又驟觀之，雖覺紅艷，若有色而無氣者，事亦不調。三曰害色，又名蹇滯之色，色如庫泥，鼻準如煙，三陽不開，滿面如濛，或明亮如火，而似塗脂，俱為大困大蹙之色。又滿面通紅，驟視之，似極佳美，細就之，則覺無勢者，亦為凶色。四曰利色，又名動色，天庭新現明潤之色者，且動不宜守，若赤色過重，動乃不利，至謂應動於何方，則須審命宮之色如何，以定其吉凶也。今舉一例以證明之，凡金錢出入之時，可從奸門福堂之間，引一線，直向土星而行，厥線鮮明者，金錢可如期到手，若其線於中途生有障礙，則無論如何，必不能成就，又如推測事業成敗，須觀其氣色，有橫幅一二分，由眉間直升髮際者，旬日之內，目的可達，苟於氣色線中，繼續污穢，或有小瘡橫梗於其間者，什九必敗，以此類推，凡音信婚姻以及一切人事，靡不可因其顏面之部位為之判斷，自古以來，相家秘不肯宣，學者亦不究顏面之現象，何故有此顯現，徒稱之曰氣色，或因其不可解也，故又名為神相、畫相，實則腦面各中樞之細胞，本能將過去現在未來之事實，留有印象，隨時於顏面上顯現之，今者解剖組織之學，未大昌明，莫能一一考證，他時組織學大發達，必可語其理由之所在也。

此外尚有一種氣形氣色，與上述現象絕異，為古來相家所珍秘，與近代歐美學者，所倡之物質的體察心性精神，其方法雖殊，而結果適與之符合者，亦稱之曰神相，此種氣形，發自身體頭顱，若蒸發之氣，騰空而上，其形或圓，或直，或曲，或有勢或無勢，其色有黃，有赤，有白，各自不同，具法眼者，欲知人之精神狀態，直可一望而鑑別之，佛家所謂御光，想即此物。近日法國學者有以造像乾片，攝取此氣形者，其善惡美醜之觀，莫不各因其性而互異（善者美麗無此害惡，躁暴之人則作風雨之狀云）。近更能將其所思想之事物，攝之片上，凡愛兒之影，情人之像，苟方寸之所及，其形即隨之入片矣，此雖賴科學實驗之昌明，亦由近世心靈學之發達，與大有力也。

夫，人氣本極難觀，在初時覺如煙縷，又似遠望村里中，靉靆厚薄之煙，後乃覺其為水火之氣也者是矣，水氣每於寒冷時，井澤中有縷縷不息者，最易發見，夏秋之交，則非習見者，未易覩也，被習見者，且能辨別其池、沼、河、澤、澗、湖、海、等氣，雖隔林嶽，苟在二三里內，仍能分辨，而火氣則異是，大似於春夏之際，置火盤於炎日之下，而覺其蒸蒸然上升者，是為火氣，唯獨人氣，則大非一朝一夕所能窺見，須審水火二氣之後，乃可向人頭上肩上，仔細觀看，能假以百日之時光，朝夕專望一人，則自覺有悠然之氣，形似縮皺者，上升空際矣，望定之後，自然能分辨其大小細長厚薄，而吉凶禍福，亦得由此窺見之也。

氣有呂律二氣，五色五氣，病死二氣，茲以圖釋之，第一圖為律氣，向上直堅，無中斷橫溢之態，始終不變者，精神清爽之人也，彼自浴室初出，或溫食時所見之氣，乃為水火之氣，與人氣有別，須細分辨之，水氣厚重，火氣輕散，而人氣清縮如縐，然各不相混也。

第二圖為呂氣，結成一團，不得上升，又有橫曲如蛇首，或以樟木，作十字一字狀者，多發於澀滯及精神不安之時，主本身或家族親戚之間，定遭耗損，軍中有此氣，敗北之兆，席上屋上有此氣，凶聞不遠云。

由斯以談，人之貧富、榮枯、邪正、剛柔，或生死禍福等等，往往有一種美醜之氣，發於頭面，以預為之兆，但非具有法眼之人，苦於瞠目，而冥然無覺耳，吾國古來相家，非無精於斯道者，特於上文所述，皆視為最秘之訣，珍同拱璧，苟非其人，雖子弗授，馴至今日，口說失傳，而斯道遂以不振，可慨也矣。

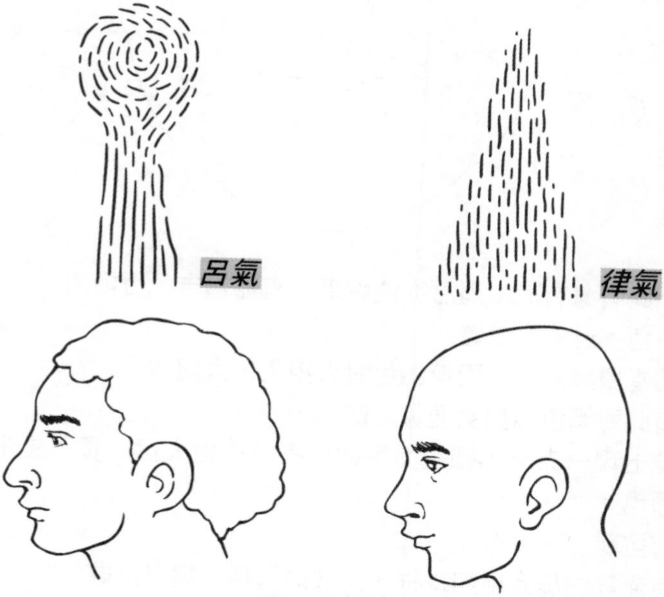

律呂二氣圖

氣色要訣圖（其一）

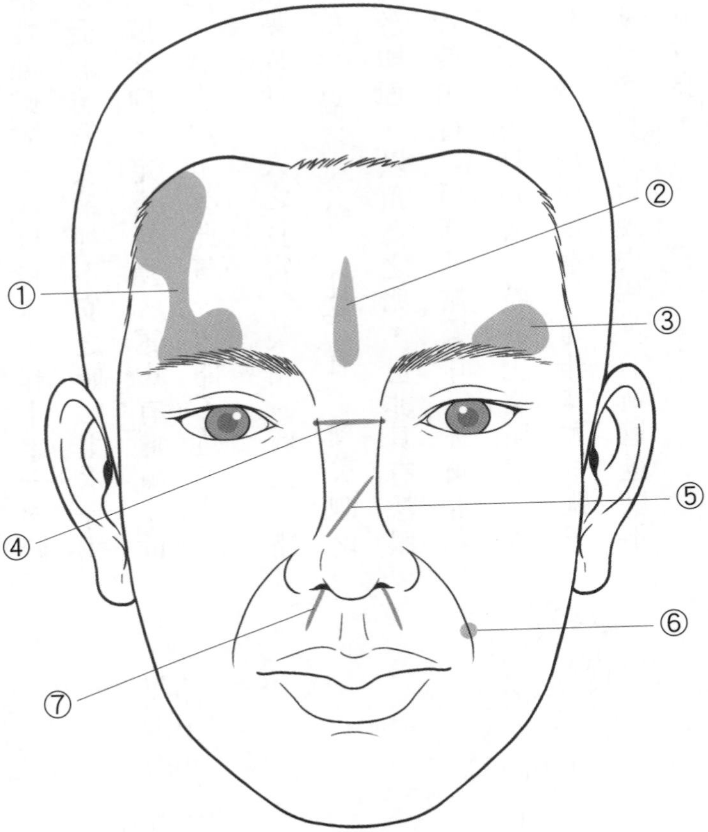

① 如此者必有財帛消息從遠處來，有艷為吉，否則凶。
② 赤色上升定有公難。
③ 福堂薄黑或薄赤而無艷色者大損失、大破敗。
④ 有此薄黑色為男女通姦之徵。
⑤ 鼻上現一赤筋，細銳而色如血者，主受大傷，實一生生死關頭也。
⑥ 有盜難。
⑦ 有赤筋由鼻穴出如草根，主散財損耗，繼以身敗。

氣色要訣圖（其二）

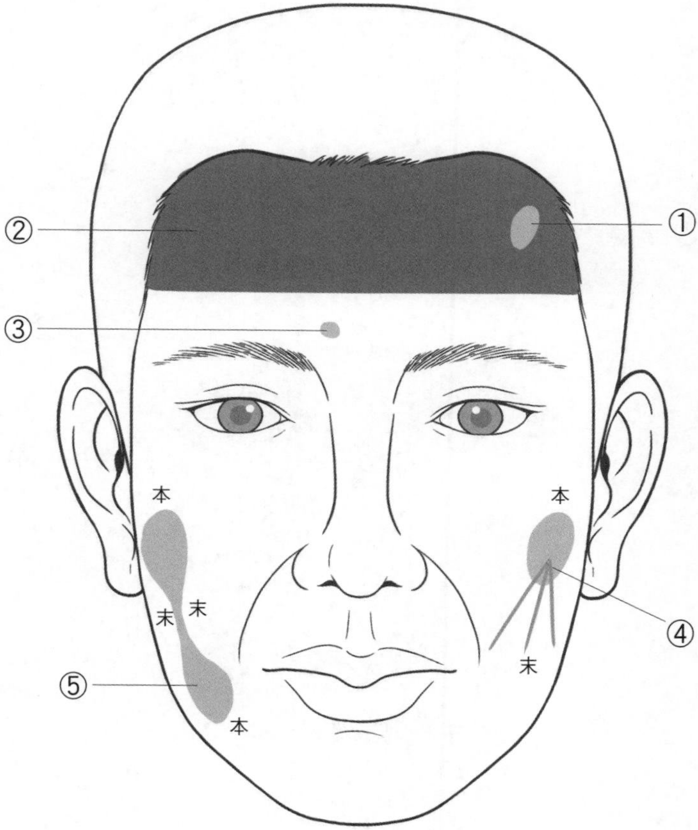

① 額暈中有黃氣，而暈氣次第開朗者，運氣開復，病亦癒。

② 額如雲濛，運氣否塞，大凶，病人死。

③ 額暈而右眉額上有小粒凸出如針尖而赤色者，定有火厄。

④ 有赤氣由顴骨出至法令者定有人來欲合辦一事業也，此色之先端為有三人，其成就與否因其色之有勢與否而定其吉凶也。

⑤ 此處有濛色，主僱人中有與他人協同謀惡者。

氣色要訣圖（其三）

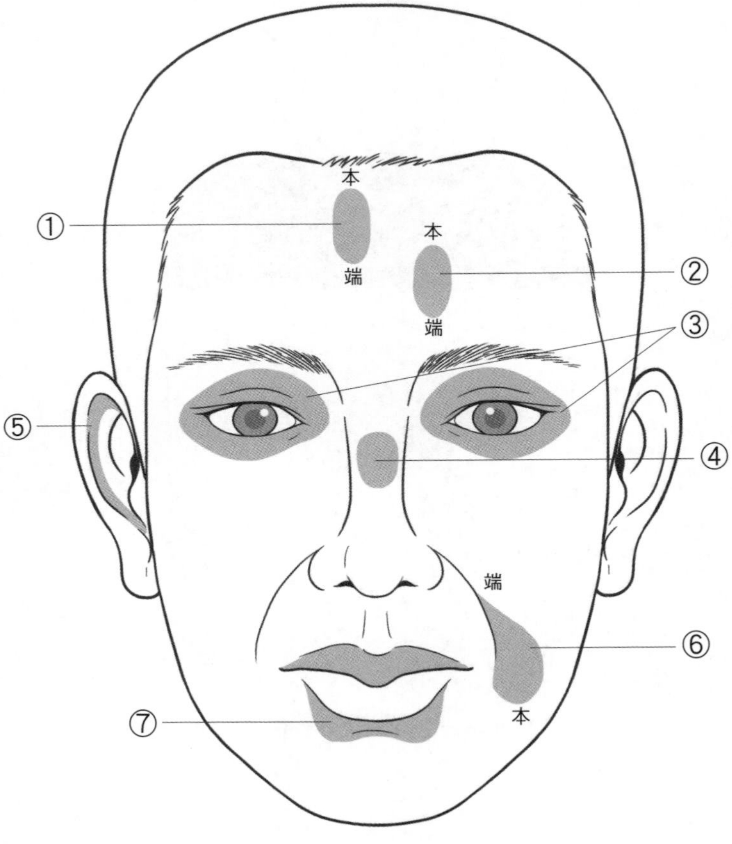

① 此處有薄黑之色及氣，必有意外之災難。
② 此處有色而不艷，定有官司遭遇。
③ 此處有薄黑，為不陰德，女無子，男損家。
④ 此處有薄黑，家內定有病人。
⑤ 耳廓薄黑如垢，兄弟塞運，耳色紅白艷於面色為吉。
⑥ 法令有薄黑色，部下夥伴之屬在業務上定作惡事。
⑦ 唇下有薄黑，腰以下受寒，或男子家有災難及水患。

氣色要訣圖（其四）

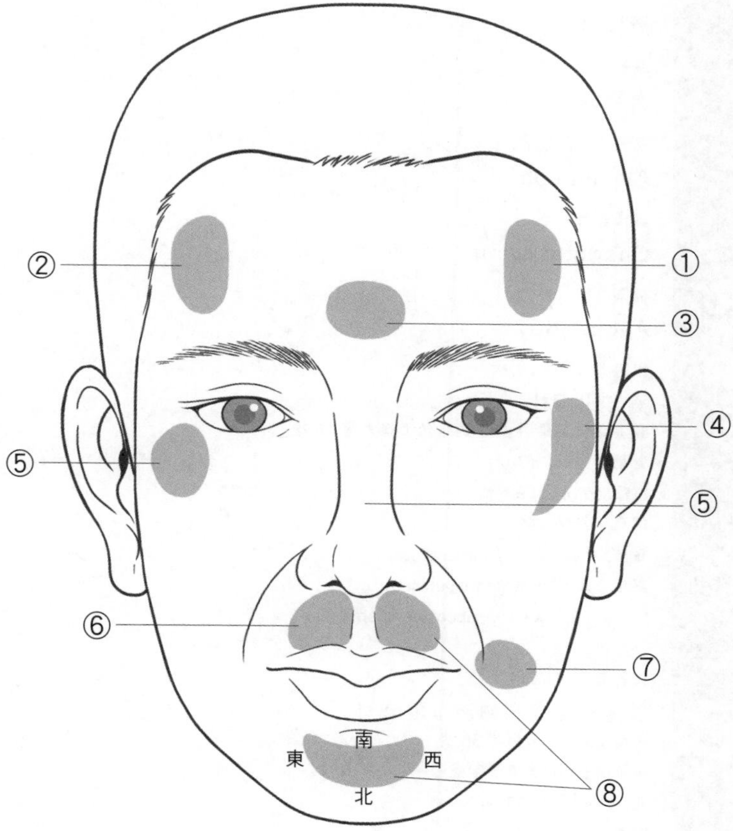

① 此處薄黑，為災害及損失，黃為喜。
② 此處薄黑無艷，萬事難成，如賭博，必損失。
③ 此處有薄黑色，謀望難成，主愁惱，凡無論何色，此處有色，心有所望，可因其善惡而定吉凶。
④ 此處之色由眼尾出至顴骨者，妻必死。
⑤ 此處黑色他人不信用。
⑥ 此處有薄黑色，為心中有憂愁。
⑦ 此處有薄黑、赤黑之色而無艷氣者，下屬必作惡事。
⑧ 此處有赤點出，定有人驚，薄黑家內有災難，此災來自何方，則以東西南北何方色艷為斷。

相學全集 四

作者

蘇民峰

編輯

吳惠芳

美術統籌及設計

Amelia Loh

美術設計

Charlotte Chau

插圖

August Boy

出版者

圓方出版社

香港北角英皇道 499 號北角工業大廈 18 樓

營銷部電話：(852) 2138 7961

電話：2138 7998

傳真：2597 4003

電郵：marketing@formspub.com

網址：http://www.formspub.com

http://www.facebook.com/formspub

發行者

香港聯合書刊物流有限公司

香港新界大埔汀麗路 36 號

中華商務印刷大廈 3 字樓

電話：2150 2100

傳真：2407 3062

電郵：info@suplogistics.com.hk

承印者

亨泰印刷公司

香港柴灣利眾街 27 號德景工業大廈 10 樓

出版日期

二Ｏ一四年七月第一次印刷

瀏覽網站

會員申請

ISBN 978-988-8295-06-7

Published in Hong Kong